No es *suerte*. Es cuestión de ACTITUD

Cómo trabajar desde tu HOGAR y ser EXITOSO

Claudio de Castro

Copyright © 2019 Claudio de Castro

Todos los Derechos Reservados

ISBN: 9781708385996

DEDICATORIA

Para Vida, mi esposa
Y mis hijos:
Claudio Guillermo,
Ana Belén,
José Miguel
y Luis Felipe

A mi pequeña nieta
Ana Sofía

A mis hermanos Henry y Frank
A mis Padres

Y a todos los que con su apoyo
han hecho posible este libro.

¡Dios les bendiga!

*Ten la **actitud** correcta
en el momento correcto.*

RECONOCIMIENTO

A todos aquellos que ***me impulsaron***
y creyeron en este proyecto, y me brindaron
su apoyo incondicional para ayudar a los que
sueñan grandes cosas y buscan conquistar
sus metas.

CONTENIDO

CAPÍTULO 1   11
El poder de las palabras   13
El éxito   21
¿Estás listo?   27
¿Por qué este libro?   31

CAPÍTULO 2   37
Seamos emprendedores   39
¿Te atreves?   45
El gran enemigo   47
Haz lo que te apasiona   49
Paradigmas   51

CAPÍTULO 3   59
Emprendimiento   61
Nuevos negocios   63
Debes prepararte   65
El conocimiento   67

CAPÍTULO 4   73
Tu propio ritmo   75
Sigue estudiando   79
Tu gran idea   80
Las preguntas   82

Ideas prácticas	83
Sigue tus sueños	85
CAPÍTULO 5	89
Tus clientes	91
Puntos de ventas	96
El éxito	101
CAPÍTULO 6	107
Tu página web	109
Crowfunding	118
CAPÍTULO 7	121
Trabajando en casa	123
Tu espacio sagrado	127
Las 10 claves	133
CAPÍTULO 8	147
Diálogo	149
Nuestro gran aliado	155
CAPÍTULO 9	163
Los consejos de un amigo	169
La Teoría de los Caballos	171
Tu nuevo horario	181
¿Tendré salario?	187
CAPÍTULO 10	195
El miedo	197
El consultor	203

*Lo que estás a punto de leer NO es un libro de ficción con una teoría más, o un libro teórico de autoayuda. ¡Estas claves en realidad **SÍ FUNCIONAN!** **Son secretos guardados por generaciones, para triunfar.** Depende de ti ponerlos en práctica.*

No hay edad *para empezar.*
Todo está en ti
y el coraje, entusiasmo
y actitud
con que emprendas
esta gran aventura.

CAPÍTULO 1

*¿Estás a gusto con lo
que haces
con tu vida?*

*Responde...
con sinceridad.*

EL PODER DE LAS PALABRAS

¿Estás inconforme en tu trabajo actual? ¿No te alcanza lo que ganas? ¿Sientes que puedes hacer más por ti? ¿Te quedaste sin trabajo y no consigues otro? ¿Pasas tus días desanimado o triste, sin saber qué hacer?

Espera, hagamos un alto. ¿Has pensado que puedes hacer algo por ti mismo sin depender de nadie más? ¿Te gustaría ganar suficiente dinero para mejorar tu calidad de vida? Aunque no lo creas todo es cuestión de actitud. Debes transformar esa actitud negativa: *"todo me sale mal"* por una positiva: ***"Yo puedo. Lo voy a lograr".***

Hace 10 años publiqué por primera vez este libro de autoayuda y emprendimiento, que hoy tienes en tus manos. Perdí mi empleo y al ver que los recursos que tenía empezaban a desaparecer y que ninguna empresa me contrataba por la edad, me vi en la necesidad de hacer algo al respecto. Tenía que sobrevivir. Y decidí trabajar desde mi casa, generar dinero y esperanza. No rendirme ante la adversidad.

Anoté mis fracasos y triunfos, los caminos acertados, las conversaciones con personas exitosas que lograron triunfar en condiciones similares a las que yo estaba enfrentando. No era el único al que le pasaba esto de quedar en paro, ni sería el último. **Así es la vida cuando dependes de una empresa que no es tuya.** Estás siempre expuesto a perderlo todo. Tenía muchas anotaciones de fracasos y triunfos, y decidí compartirlas contigo. Decirte que se puede, que todo pasa y esta calamidad que te impide progresas también pasará.

Este libro es fruto de mucho esfuerzo, investigaciones, vivencias y determinación, de hecho, fue una de mis primeras obras auto publicadas en Amazon. Ahora la he ampliado con nuevas experiencias y testimonios que seguro te ayudarán. Un lector dejó esta reseña espectacular, al leerlo:
*"Es un libro que **captura tu atención** desde la primera página! Totalmente enfocada en nuestra realidad. Tiene consejos y recomendaciones muy apropiadas para aquellos que estamos pensando en independizarnos para tener calidad de vida. Definitivamente **los invito a leerlo**, siendo un claro testimonio de vida que nos lleva a reflexionar".*

En ese entonces sentí la necesidad de compartir lo que estaba viviendo y había aprendido al decidirme a salir adelante, no dejarme vencer. Quise lanzarme a una gran aventura, dedicarme a mi propia empresa, trabajar en casa para mí. Había aprendido mucho, a golpes, como decimos en Panamá y logré salir adelante. A pesar de los malos augurios de personas que me desanimaban y me invitaban a rendirme y volver a trabajar en una empresa donde tendría seguridad monetaria y podría mantener a mi familia sin mayores problemas hice lo que para muchos era una completa locura. Había tomado una decisión y no daría marcha atrás. Era mi oportunidad, no tendría otra. Sería mi propio jefe y trabajaría en casa levantando una empresa familiar.

¿Me fue bien al principio? No. La realidad es que me fue muy mal. No estaba "programado" para ser un emprendedor y valerme por mí mismo. Siempre esperaba que alguna empresa me contratara y como quien nada en dos aguas diferentes, seguí enviando mis hojas de vida, como un seguro en caso de no lograr lo que anhelaba. Casi pierdo la casa. Y muchas noches pensé en rendirme, en abandonarlo todo.

"Esto no es para mí", me decía desanimado. Acostumbrado toda mi vida a laborar para diferentes compañías sin preocuparme los días de pago por recibir mi dinero, esto resultaba insólito. El dinero no estaba asegurado, no habrían más días de pago ni vacaciones pagadas. Y de cuando en cuando dudaba, tenía miedo. ¿Qué sería de mi vida? Con todos estos temores no me eché para atrás decidí persistir, seguir adelante. ¿El problema en la empresa que laboraba? Había un cartel en el que se leía: "Esta empresa es de todos". La realidad es que era de todos en un sentido figurado. Era de ellos y me alegraba porque habían trabajado muy duro y se habían ganado todo lo que poseían. Eran gente buena y estaba aprendiendo mucho, ese conocimiento lo iba a aprovechar más adelante. Es lo más valioso que obtienes trabajando para una empresa, la experiencia, el conocimiento, el saber cómo se hacen las cosas. Aunque los dueños me trataban con mucha consideración y afecto, yo vivía insatisfecho. Siempre recibía la misma suma de dinero y NUNCA ALCANZABA, tampoco había posibilidades de tener un aumento de salario en los próximos años. Siempre era lo mismo, estaba en un círculo vicioso.

A los pocos días de recibir mi paga, estaba viendo cómo me endeudaba con un préstamo bancario para hacer frente a los muchos gastos que me ahogaban: la comida, gasolina, el pago de la casa, la escolaridad de los niños... Necesitaba algo diferente en mi vida. Hacer lo que me apasionaba. Vivir a plenitud. ¿Te ha pasado esto? Las deudas eran interminables aumentaban exponencialmente y el dinero estaba limitado a mi salario. No tenía forma de ganar más porque empezaba temprano a laborar y salía tarde y cansado, sin ánimos de emprender otro proyecto. Era un espiral en el que me hundía, un hueco sin fondo y no era feliz. Sientes dentro de ti mucho miedo pues le tememos a la incertidumbre, a los cambios, lo nuevo. "Es un riesgo que voy a tomar. ¿Y si sale mal?" Te preguntas aferrado a tu salario, sin conocer el nuevo mundo. "Es mejor un sueldo que estar en paro y no percibir nada", te dices. Tienes tantas dudas, acostumbrado a este tipo de vida. Sentí la necesidad de un cambio y debía ser radical, sin retorno, como los conquistadores que al llegar a América ordenaba quemar las naves para imprimir en los soldados una simple realidad. No había forma de volver y debían esforzarse más para poder sobrevivir en este nuevo mundo.

Ocurrió que leí en el diario La Prensa una entrevista que le hacían a mi amigo Lali Carrizo. Narraba lo que hacía con su vida. Primero, que era feliz. Trabajaba en lo que más le gustaba, tocar la guitarra. Componía la música de los anuncios publicitarios. Trabajaba en casa. Se levantaba a la hora que deseaba, salía a tomar un café, saludaba a sus amigos y luego a trabajar en su casa. No tenía horarios, ni jefes, y le iba bien.

Recuerdo que cuando leí su entrevista me dije: ***"Yo también quiero eso".*** Pero no tenía el valor o tal vez la suficiente confianza para atreverme y solar amarras. Debía buscar algo en lo que fuera bueno, que me gustara y luego, atreverme.

Hace unos días hablé con Lali y le pedí que me compartiera aquellas palabras de aliento que tanto bien me hicieron e impulsaron mi carrera. Te las comparto, anótalas, guárdalas y cuando te sientas decaído, perdido o sin ganas de continuar, léelas, son fruto de una vida dedicada a conquistar sueños.

1. No existe nada mejor que ser tu propio jefe. Trabajar para ti mismo te dará libertad y responsabilidad.

2. Todo lo que necesitas ya existe dentro de ti. Date tiempo de descubrir tus herramientas. Conócete.

3. Tus ideas son tan grandes como crees. Pero debes pulirlas con trabajo y perseverancia.

4. Igual que los brillantes surgen del carbón, poco a poco verás cómo tras tus esfuerzos surgen ideas geniales.

5. Cuida tu pasión por el trabajo. Aliméntala, es el fuego y combustible que te hará sobrepasar momentos que pensaste insalvables.

Sigue tu corazón por mas difícil que parezca tu camino. **El corazón no se equivoca**.

6. Dale todo tu esfuerzo, tu tiempo, y tu decisión a tu negocio. Como cualquier cosecha, será el resultado de lo que le inviertas. Del tamaño de tu esfuerzo, así será tu cosecha.

¿Ves el poder de la palabra? Unas palabras de aliento y aquí estoy, escribiendo este libro para ti. Haciendo lo que más disfruto. Para lograrlo tuve que vencer muchos paradigmas, sobre todo esas voces interiores que me decían: "No seas tonto, quédate tranquilo. No lo intentes. Tienes un

trabajo seguro, estable, cualquiera sería feliz con algo así". Me animé a dar el primer paso, el más difícil, cuando sueltas amarras y te lanzas a la gran aventura de tu vida, gracias al empuje que me dio mi esposa. Me brindó su apoyo y sobre todo me alentó a tratar. Era hora de intentarlo. La verdad tenía mucho miedo, con 4 hijos en el colegio, adeudaba la casa, deudas por doquier, y sentía que no estaba preparado. La vida empresarial es como un reloj de engranajes, un engranaje mueve al otro y así hacen girar las manecillas. Mi reloj, inmóvil por años, estaba oxidado, las manecillas pegadas. ¿Qué hacer? No se me ocurría ninguna idea productiva y pensaba: "¿Se puede ser productivo lejos de la seguridad de un trabajo estable?" Aprendí en el camino que **no hay edad para empezar.** Hay miles de casos de emprendedores que te pueden guiar, *lee sus vidas*, te mostrarán el camino. Es muy conocido el del Coronel Sanders (Harland David Sanders) quien luego de muchos fracasos en la vida, **a sus 60 años,** edad en que muchos nos estamos jubilando, inició su franquicia de pollos que lo hizo famoso en el mundo entero. Sabiendo esto, **no tenía derecho a desanimarme** ni escusas tontas, para no dar los primeros pasos hacia el éxito.

EL ÉXITO

Para animarme preparé un espacio confortable y ordenado en un rincón de la casa, le puse buena iluminación, y al final invertí en un elemento esencial del que te hablaré más adelante: *"Un sillón muy cómodo"*. Parece algo superfluo e insignificante, pero créeme, no lo es. Sentado en esa silla vas a pasar muchas horas y más te vale que sea cómoda y te sientas a gusto, por ello no escatimé en el precio al comprarla. Fue la mejor inversión, ahora lo sé.

He descubierto muchas cosas interesantes en el camino. Ahora me digo: "De haberlo sabido antes". Lo más valioso que aprendí lo dijo el cantautor Facundo Cabral: **"Haz sólo lo que amas y serás feliz, y *el que hace* lo que ama, *está* benditamente *condenado al éxito"*.**

Estoy seguro que tú tendrás éxito. Tengo tanto que contarte, lo esencial está en ti, no basta quejarse o vivir inconformes, hay que hacer algo al respecto y salir a buscar ese sueño que cambiará nuestras vidas.

¿Perdiste tu empleo? Me ha pasado tres veces y en cada ocasión me sentía como perdido, despistado, golpeado. Es difícil, lo sé, pero también es algo de lo que puedes sacar provecho si miras el otro lado de la moneda. Tienes frente a ti una gran oportunidad, única, maravillosa, no la pierdas. El mundo *te pone en camino*, porque estabas muy cómodo en lo que hacías, sin superarte, feliz con un trabajo cotidiano que era siempre lo mismo, uno y otro y otro día.

Siempre recuerdo una ejecutiva de un banco con una alta posición. Acudió a mí para que la entrevistara. Buscaba un nuevo trabajo. El que esta empresa podía ofrecerle era muy inferior al que ella estaba realizando, igual que el salario. "Lo acepto feliz", me dijo. No soportaba tener que hacer siempre lo mismo, sin posibilidades de un cambio. Y eso la estaba enfermando.

¿Tienes sueños por realizar? Estupendo. Toma valor, sé persistente y hazlo. Yo lo hice, no he sido el primero, muchos lo han logrado. Y estoy apenas en camino. Pero ha sido un trayecto estupendo. Créeme, vale la pena. ¡ANÍMATE!!

Hoy soy una persona diferente, me siento libre u muy feliz. Hago lo que *me apasiona* para vivir y tengo el horario que yo me impongo libremente. Escribo estas palabras en una cafetería bellísima. Tengo frente a mí un delicioso y aromático café que degustó lentamente mientras converso con mi esposa y hago estás pausas para contarte lo sabrosa que es la vida cuando eres independiente y trabajas para ti en aquello que te encanta. Es una realidad, "trabajo" significa que cuesta. Cuando haces lo que te gusta para poder vivir, deja de ser trabajo, por eso aumentan tus posibilidades de ser exitoso.

Puedo vivir de mi trabajo en la casa y "vivir bien" es maravilloso y estoy agradecido a Dios por ello. Todavía recuerdo cuando era empleado en alguna empresa y cada mañana mi mayor reto era ver cómo conseguía dinero para pagar los gastos del día porque la paga del salario nunca alcanzaba y vivíamos al límite de lo que podíamos. Era difícil vivir en esas condiciones. Me sentía molesto, disgustado, no estaba a gusto con la vida que llevaba.

A diferencia de aquello días de "empleado", mi actual preocupación de cada mañana es buscar una nueva cafetería para degustar como buen Batista que soy un buen café.

Me agrada ir con mi esposa. Conversamos y descanso antes de regresar a la casa y seguir trabajando. Solemos publicar en Facebook nuestras salidas. Las he titulado en broma: "El difícil oficio de un escritor". Una amiga de mi esposa hace poco comentó, al ver las fotos de nuestras salidas: "Debí casarme con un escritor para poder pasaré tanto como ustedes". Ella seguro no conoce la historia detrás de estas deliciosas salidas. Yo te la contaré.

¿Ha cambiado mi vida desde que trabajo en casa? Ahora sé que con mi esfuerzo puedo obtener beneficios para mí familia y para mí, no para otra persona propietaria de una empresa. Sé que "sin sacrificio no habrá beneficio". Debes esforzarte y perseverar, no rendirte. Es como la vida misma. Para poder cosechar frutos de un árbol primero debes a arar el terreno, luego sembrar la semilla, abonarla, regarla con agua, y estar pendiente de su crecimiento para poderla a tiempo. En los negocios personales ocurre igual. No recibes beneficios del aire, de la nada, o la lotería o la buena suerte. Esas cosas nunca ocurren.

La vida se compone de escalones, pasos que debes dar para llegar a tu meta.

Puedes hacerlo de dos formas, como *un perdedor* o un **triunfador,** como una persona triste, o una feliz y exitosa. **Todo es cuestión de actitud**. Vivir sintiéndonos unos TRIUNFADORES, a pesar de todo. Ese es el camino.

¿La buena noticia? ¡Vale la pena! Es genial poder generar el dinero que quieres con tu esfuerzo y trabajo, con la tranquilidad de saber que tiene la capacidad para ligar lo que te propongas. Han transcurrido 10 años, desde que publiqué este libro. Miles de lectores lo leyeron mejorando su calidad de vida. Espero que con la nueva información que voy a compartirles, los "secretos" que he descubierto a lo largo del camino, con esfuerzo y dedicación, puedas mejorar tu calidad de vida y tengas más tiempo para compartir con tu familia.

Hace poco mi hermano me compartió la historia de una anciana que iba a vivir en un hogar para personas mayores. Cuando la llevaban a conocer su habitación comentó: "Me encanta". La enfermera le dijo: "Pero usted aún no conoce su cuarto, ¿cómo le puede gustar?" La respuesta fue contundente. "En la vida puedes decidir muchas cosas, yo he decidido ser feliz, que todo me guste y me sienta conforme donde vaya, que nada me inquiete. Sé que tengo dificultades para moverme por mi edad, y soy feliz pensando en las cosas que aún puedo hacer. Olvido mis limitaciones pues me conducirían al desosiego. Es una decisión propia, personal, algo de actitud.

Reescribí este libro para ti, con nuevos e increíbles testimonios e historias de personas que lograron ser exitosas por su actitud positiva, que han conquistado sus sueños al perder el temor al fracaso. Lo escribo con la experiencia que antes no tenía, feliz de poder ayudarte en algo. Estoy seguro que te será de gran ayuda y aliento para que perseveres. ¡Ánimo!

Te invito a que me acompañes en este camino de emprendimiento hacia el éxito. Nos esperan grandes aventuras. Solo te pido un favor...

NO TE RINDAS. TÚ PUEDES MÁS
DE LO QUE CREES.
¡NUNCA TE RINDAS!

~~~

*Mi hermano suele decirme: **"Busca una necesidad. Llénala. Y tendrás un negocio".***

¿ESTÁS LISTO?

Empecé este libro una mañana de agosto en mi cuarto, sentado frente al alfeizar de mi ventana. Puedo ver la casa celeste de enfrente, los árboles de mango con sus hojas verdes, una construcción dos cuadras abajo. Me gusta mucho reflexionar en la vida, lo que he hecho y lo que haré con el tiempo que me queda por vivir.

Pienso en las palabras que mi hermano Frank suele decirme para animarme cada vez que enfrento un problema. Son tres secretos que te llevarán sin duda, al éxito. Me gustaría compartirlos contigo porque son edificantes.

1) **ACTITUD.** Todo depende de tu actitud. El triunfo y los fracasos. De una mala actitud solo cosechas tristeza, desgano, fracasos y soledad.

Mirando hacia atrás, después de haber recorrido con los años esta maravillosa vida te das cuenta que una actitud positiva fue la clave para triunfar en todo lo que emprendiste. Ese positivismo te brindó seguridad y no permitió que te rindieras ante la adversidad. Eres más fuerte de lo que piensas, solo que aún no te das cuenta.

DEBES TENER UNA ACTITUD DE TRIUNFADOR A PRUEBA DE CALAMIDADES, DESASTRES, DIFICULTADES. Y ES QUE, **"COSECHAMOS LO QUE SEMBRAMOS".**

SONRÍE, aunque no quieras ni tengas ánimo o no te sientas feliz. SONRÍE SIEMPRE. Tu actitud lo es todo.

Si vamos por la vida quejándonos de todo, tristes, sin ánimo para emprender nuevas empresas JAMÁS podremos salir adelante. Una persona con actitud negativa puede ganar un millón de dólares en la lotería y gracias a su actitud destructiva y su negativismo enfermizo, lo va a dilapidar. Ese dinero en lugar de invertirlo sabiamente, no le va a durar ni siquiera un año. Al final quedará peor de como estaba antes de ganar ese dinero, va a estar hundido en sus fracasos. Esto es una triste realidad, mira a tu alrededor y verás muchos casos similares.

Es una verdad de apuño, un axioma que no necesita ser probado: **La gente negativa NUNCA triunfa.**

2) DEBES SER **AGRADECIDO.**

Todos los días agradece a Dios por todos los beneficios que te da, *las gracias* innumerables que recibes. La vida es maravillosa a pesar las dificultades, una mala salud, o miles de problemas. Hay tanto por que agradecer y debes darte cuenta de ello. Imagina que una persona pasa ayudándote y no eres agradecido, qué animo tendrá para darte una mano, pasado un tiempo. "¿Para qué lo ayudo?" se dirá, "si es un mal agradecido". Cuidado que, con Dios, a pesar de tanto amor que nos brinda, nos pasa igual. A Él le encanta cuando lo buscamos con amor, agradecimiento y recta intención. Le gusta escuchar de sus hijos que lo amamos. ¿A qué padre no le gusta escuchar esas dulces palabras? Todos esperan escuchar de sus hijos: "Papito, te quiero". Dios también es Padre y desea escuchar de nuestros labios un "te quiero". Vamos, no seas malagradecido, Dios te ha dado tanto… Se merece nuestro agradecimiento y más.

3) TIENES QUE **COMPARTIR**

Llegará un momento en que saldrás adelante, porque todo pasa y esto que hoy vives, con una actitud positiva seguro también pasará. Cuando te llegue el triunfo deberás compartir con los que no tienen o los que no saben cómo salir adelante Nunca le niegues NADA a alguien que te pide por amor, hambre o una necesidad. Y no hablamos solo de dinero. En la vida hay otros valores más importantes que la plata. Estamos hablando de compartir una sonrisa, una palabra de aliento, un abrazo, la esperanza.

~~~

¿POR QUÉ ESTE LIBRO?

Hace dos días mi amigo William me visitó. Estuvimos conversando largo rato y al verme tan entusiasmado me dijo: "Trabajo en casa, pero me cuesta, ¿cómo lo haces tú?". Me quedé reflexionando en su pregunta. ¿Vale la pena el esfuerzo? ¿Se puede trabajar en casa y ser exitoso? Hagamos la prueba. Te invito a acompañarme unos días. Te compartiré lo que hago y pienso, lo que he aprendido y descubierto. Conoceremos otras personas que trabajan también en sus casas, sin jefes, ni horarios, pero con las mismas presiones que tienen todos: "El préstamo, la hipoteca, la escuela de sus hijos, la mensualidad del auto…" *¿Cómo lo hacen? ¿Cómo salen adelante?* Es lo que vamos a descubrir…

Trabajo en mi casa, puedo vivir de lo que hago y soy feliz haciéndolo, en realidad me apasiona hacer esto y hoy te compartiré mi secreto, cómo y por qué lo conseguí. Tengo un oficio muy antiguo, que ha creado mundos y personajes, y grandes relatos que han cultivado nuestra imaginación: *soy escritor.*

Es algo curioso, hay personas que no lo ven como un trabajo y a menudo me preguntan: "Está bien, eres un escritor, pero, ¿en qué trabajas?" No logran comprender que los tiempos han evolucionado la vida laboral y que todo lo que requiero para generar dinero es mi ordenador portátil. Casi a diario me llaman al teléfono móvil personas que desean que los ayude con sus libros y me preguntan: "Dónde está su oficina?" Les respondo: "Donde sirvan un buen café y haya WIFI". Quedan confundidos sin comprender.

Siempre quise ser un escritor, pasar tiempo con mi imaginación, crear nuevos mundos, alentar la imaginación de mis lectores, pero antes nunca me atreví. Tenía miedo. Me dijeron que fracasaría, que no lo intentara, que los escritores se morían de hambre, que era un tonto y un pobre iluso. Una palabra que a menudo escuché fue: "Naif" que significa "ingenuo". Algo de razón tenían. Me faltaba lo esencial para salir adelante y en el camino lo conquisté, se llama: "Voluntad"

Me entrenaron como a millones de personas en este mundo, para ser un ejecutivo, trabajar para una empresa, tener un horario establecido de ocho horas laborables, dar el kilómetro extra por la empresa gratuitamente, leer libros de auto ayuda, mercadeo y mejoramiento empresarial y tal vez terminar mis días productivos en una fábrica que no era mía. Pero nadie me dijo NUNCA que había otras opciones, que eso era un absurdo, por qué enriquecer a otros con mi esfuerzo cuando podía hacerlo para mí, crecer espiritualmente y conquistar mis sueños.

Leí libros de reingeniería, calidad total, empresas exitosas. Me sentía importante haciendo estas cosas, participando de seminarios, con un gafete colgando de mi cuello, en el que se leía en grande mi nombre: Claudio de Castro. Jamás enseñaron que podía ser mi propio jefe, trabajar para mí; invertir mi tiempo en algo que me apasionara.

Dediqué la mayor parte de mi vida trabajando para otras personas, engrandeciendo sus empresas. Les di lo más valioso que tenía: ***mi tiempo.*** Y todo a cambio de un salario fijo y un falso sentimiento de seguridad. A menudo me pregunto: *¿Por qué?* Era como si tuviese una venda en los ojos que no me permitía ver mis posibilidades como persona.

Conocí a través de los años a muchos que tuvieron el coraje de ser independientes, trabajar para ellos mismos y luchar para salir adelante. Yo era un engranaje solamente, que movía otros engranajes en esta empresa que no era mía. Siempre trabajé como si la compañía me perteneciera.

> **LA CRUDA REALIDAD...**
>
> **NO ES TU EMPRESA.**

Cuidaba cada centavo y los detalles por pequeños que fueran. Y siempre estaba pendiente que saliéramos adelante. Pero al final, te das cuenta de la cruda realidad... No es tu empresa y tú, simplemente eres un empleado más, uno del montón, alguien innecesario. Me marché al tiempo y la empresa continuó como si yo nunca hubiese existido.

Estando cerca de los cincuenta, mi esposa me dijo: *"Tienes un sueño que no has realizado"*. Me miró a los ojos y añadió: *"Creo que es hora de hacerlo. Vamos. Yo te apoyo"*. Hasta ese momento mi vida había sido como un videojuego llamado Pac-Man o comecocos, de los años ochenta.

Fue uno de los primeros que salieron al mercado. Era un círculo amarillo con ojos y una enorme boca que iba devorando todo a su alrededor, en un laberinto.

Los gastos me perseguían y devoraban como ese Pac-Man, sin piedad alguna y si me quedaba inmóvil, me atraparían, y lo perdería todo.

Fue en un momento así de estrecho y difícil que mi esposa se me acercó para recordarme que tenía este sueño sin cumplir. Entonces, abandoné lo que hacía y me enfrenté al Pac-Man que tanto me atemorizaba.

Era el año que *cambiaría mi vida para siempre.*

Recuerdo esos tiempos difíciles en que la carestía era lo cotidiano, nunca nos alcanzaba el dinero y hacíamos magia para terminar el mes.

Ahora que trabajo en casa y genero lo que puedo, con mi propio esfuerzo, sin depender de ninguna empresa, sonrío satisfecho.

Tengo libertad y tiempo para hacer lo que tanto me entusiasma. Fue lo mejor que pude decidir.

Ojalá lo hubiese hecho antes, pero no tuve el valor para arriesgarme. Ahora hago lo que me apasiona, escribo sentado en esta esquina de mi casa, feliz. El triunfo es para los valientes, los que se atreven a soñar en grande. Ese éxito con que tanto sueñas, espera por ti.

~~~

CAPÍTULO 2

"La actitud es una pequeña cosa que marca una GRAN diferencia".

Winston Churchill

SEAMOS EMPRENDEDORES

Andar desempleado es muy doloroso, sobre todo si tienes una familia que depende de ti.

Te comprendo perfectamente, lo he vivido en varias ocasiones. Me tocó pasar este trago amargo cinco veces antes de decidirme y trabajar independiente. ¿Por qué? Me paralizaba el miedo. No era un miedo irracional, sino al futuro. ¿Y si fracasaba y perdía mis pocos ahorros?

Mi experiencia fue gratificante. Cada vez que quedaba en paro era porque algo mejor estaba por venir. Después de la segunda vez, me lo tomaba con calma. Sabía que de alguna forma era para mi bien. Y es que nos acostumbramos tanto a un trabajo que nos acomodamos y no hacemos nada más por nosotros. Nos quedamos estancados, sin futuro, dependiendo de un salario mensual.

Hace poco estuve leyendo uno de mis diarios. Encontré estas notas interesantes de cuando estuve desempleado por cuarta vez...

He pasado unos meses sin trabajo. Es una época muy especial para mí. Una primavera espiritual que disfruto plenamente con mi familia. Dedico más tiempo a la oración, a profundizar en mi relación con Dios, y a conocerlo más.

Por las mañanas, temprano me levanto y me acerco a la ventana del cuarto. Desde allí viendo las maravillas de la creación rezo el Padre Nuestro. Y empiezo mi día con ilusión.

Hace poco fui a ver a Jesús y le hablé al respecto.
— Señor — le dije—, en vista que nadie me da trabajo. ¿Me contratarías tú? Me encantaría trabajar para ti.

Luego un rato de silencio, me pareció que Jesús, desde aquella gran cruz me miraba complacido y respondía:
— Estás contratado. Ahora trabajarás para mí.
A partir de ese momento, de esta petición tan sencilla y casi infantil, no he tenido un momento de descanso.

Trabajo el doble de lo que trabajaba antes. Sólo que esta vez tengo el mejor Patrón. Uno que sabe pagar muy bien y que nunca falla.

Llamé a un amigo, es uno de esos "locos" que viven enamorados de Jesús, y le dije:

— A que no adivinas quién me contrató.

— ¿Quién? — preguntó con curiosidad.

— El Señor — respondí ilusionado—. El Rey de reyes.

Curiosamente, experimento su ternura cada día, de mil formas. Es una experiencia extraordinaria. La providencia la vivo a diario. Y me encanta esta sensación de saber que estoy en las manos de Dios, que él me lleva donde quiere. Te contaré una de las muchas vivencias que he tenido recientemente con Jesús. Hace unos días me telefonearon del centro de tarjetas porque me había atrasado en el pago de mi tarjeta de crédito. Claro, sin trabajo, no es fácil afrontar estas obligaciones.

— Le voy a decir la verdad— le dije a la muchacha que me llamó—. Estoy desempleado. Y no sé qué hacer.

— Pero don Claudio — replicó ella — ¿Acaso no lo sabe?

— ¿Qué debo saber? — Su tarjeta tiene un seguro de desempleo. Si usted perdió el trabajo, puede acceder al seguro. Ellos cubrirán sus pagos por un año.

— La verdad no lo sabía, pero es una noticia maravillosa — respondí lleno de alegría.

Y agradecí al buen Dios por este gesto increíble. Me acordé del salmo 125 que dice: *"El Señor ha estado grande con nosotros, y estamos felices"*. Definitivamente, no hay mejor Patrón, ni nadie que pague como él, con infinita generosidad. Más adelante encontré estas notas: "Quién iba a pensar que un infortunio se convertiría en algo bueno. Cuando perdí mi empleo hace un año y medio, no imaginaba el camino que estaba por recorrer. Un camino a la luz del Evangelio. Procurando vivir en la presencia de Dios. Llevando esperanza. Ahora voy ligero de equipaje, con menos cargas, aunque las mismas preocupaciones.

He aprendido a reconocer lo verdaderamente importante. No lo que tengo, ni las metas que alcanzaré, sólo Dios. Él es lo importante. Amarlo con todo el corazón y aprender a amar a mi prójimo.

Una vez que das ese primer paso, el de la confianza plena, Dios se hace presente y todo cambia. La vida dejará de ser la misma, tendrás un PROPÓSITO y te esforzarás cada día más. ¿Fácil? No lo es, pero vale la pena. Somos cuerpo y espíritu, y debes prestar atención a ambos, tanto a tu alma eterna, como a tu vida temporal.

En el trayecto me he llenado de preguntas e inquietudes. Lo miro en la cruz y reflexiono conmovido:

¿Por qué la cruz? Veo su deseo tan grande que le permitamos habitar en nuestros corazones y le pregunto: ¿Por qué habitas en el hombre? ¿Cómo es posible tanto amor? ¿Por qué nos amas tanto?

Al final es muy poco lo que comprendo, y me doy cuenta que el amor no necesita ser comprendido. Hay que vivirlo.

He dedicado mis días a mi familia, a Dios. Escribo y publico mis experiencias en familia, mis vivencias con Dios.

Nunca dejo de admirarme. Ahora, nada me falta. La Providencia me recuerda las promesas del Evangelio. Y yo vivo feliz y sorprendido por este tesoro.

Dios es un Padre amoroso y tierno. Que vela por sus hijos. Es algo que vivo cada día, por ello reflexiono con frecuencia en su amor.

Dios en la cruz. Dios en el hombre. Y el hombre que busca a Dios. Luis Felipe de 4 años, ha interrumpido estos pensamientos. Llegó a mi lado y me abrazó con una amplia sonrisa. Se ha pintado un guante en las manos con un bolígrafo. Quiere llamar mi atención y escribe estas palabras ***kfjhd9k5esg7*** con el teclado.

Hay que saber traducirlas. Seguramente dicen:

"Papá, deja de escribir. Quiero jugar contigo".

Por ahora dejaré de escribir. Me espera el amor de un niño, su abrazo, su sonrisa. Y un juego súper divertido, que no cambiaría por nada. Esto es lo maravilloso de vivir en familia. Sabes que vives por algo grande, y Dios que te acompaña y te ayuda.

~~~

¿TE ATREVES?

No es fácil *perder tus miedos al fracaso*, sobre todo si tienes una familia y deudas, o si, como yo, eres una persona de cierta edad. Tienes un mundo maravilloso frente a ti, esperando para ser conquistado. Es tu gran oportunidad. ¿Vas a dejarla pasar?

Es más fácil empezar joven. Puedes equivocarte, fallar y vuelves a empezar, hasta que logras el éxito con uno de tus proyectos.

Mi familia depende de mí, pero esto no me impide soñar, ni tratar de llevar adelante mis sueños, luchar por mis metas, buscar nuevas aventuras. Soy cuidadoso, estudio, planifico y desarrollo mis ideas.

Empezamos con cuatro libros: "El Camino del Perdón", "Cómo superar los Momentos de Dolor", "Para encontrar la Paz", y uno muy especial: "La Ternura de Jesús". Tuvieron una acogida estupenda y han superado las veinte ediciones continuas.

Al inicio, los armábamos a mano, en casa. Eran largas horas compaginando, engrapando, colocando las portadas.

Así empezamos a conquistar este sueño. Eran libros artesanales. Todos ayudaban: Mi esposa Vida y mis hijos, Claudio Guillermo, Ana Belén, José Miguel y Luis Felipe.

Recuerdo que mientas armaba los libros, rezaba y le pedía a Dios que convirtiera nuestro trabajo en oración. También hice un pacto con Él. "Yo escribo", le dije, "Tú toca los corazones". Y así ha sido desde entonces. Recibimos testimonios de nuestros lectores, todos hermosos. Cuando alguien se me acerca para agradecer el bien que le hizo el libro, lo remito al Sagrario. "Dale las gracias a Jesús", les digo: "Yo sólo escribo".

Hoy son tantos los libros que no podemos hacerlos como antes. Los editamos con calidad de exportación y los tenemos en librerías y distribuidoras de varios países en América Latina.

~~

EL GRAN ENEMIGO

Solía pensar que nuestro mayor enemigo para triunfar era el miedo al fracaso. A mi edad, viendo lo que he logrado comprendo que estaba equivocado. Nuestro mayor enemigo es la conformidad.

Nos sentimos *conformes* con nuestro salario, con el tipo de vida que llevamos y hasta con un auto que constantemente se nos daña y del que nos quedamos, pero NADA HACEMOS para solucionar el problema permanentemente. La conformidad es terrible para nuestro espíritu, lo doblega. Es como los elefantes entrenados, de pequeños les ponen una cadena en una de las patas. Trata desesperadamente de zafarse hasta que comprende que es inútil. Se acostumbra a la cadena y abandona el esfuerzo. De grande basta ponerle un pequeño cordel en una pata. Esto basta. No hará el más mínimo esfuerzo por liberarse.

Recuerdo una empresa distribuidora en la que entré a trabajar. Una tarde, luego de revisar las ventas en cada ruta, me reuní con el dueño de la compañía para hacerle una propuesta y exponerle mis hallazgos.

"Hay un vendedor con una ruta estupenda que apenas explota y puede dar mucho más. ¿Por qué no le ofrecemos una mejor comisión por cada venta para que se anime y venda más?"

"Tienes razón en decir que es una ruta mal trabajada. Puede y debe dar más, pero será con otro vendedor." Me miró debajo de sus lentes para leer, sonrió con picardía y me dijo: "Hagamos una apuesta. Te autorizo a subirle el porcentaje de su comisión de ventas. Y te aseguro que va a vender exactamente lo mismo, cada mes".

"¿Por qué dice eso?"

"Porque vive conforme con lo que gana. No necesita ni quiere más".

Acepté la apuesta y la perdí. El vendedor siguió vendiendo la misma cifra, mes tras mes, conforme con la vida que llevaba, sin querer complicarse por nada. ¡Es increíble!

~~~

HAZ LO QUE TE APASIONA

¿Nos complicamos? Las metas no te las asigna un jefe. Nadie está pendiente de ti, si llegaste o no al trabajo. Nadie te impulsa a continuar. A veces es la necesidad lo que te mueve a seguir adelante. Por eso debes buscar algo que te apasione. Que no te impulse sólo la necesidad, sino también la alegría. Hacer lo que te encanta es lo que le dará sentido a tu vida. Muchas veces trabajar desde la casa es sólo el primer paso. La mayoría que conozco terminan alquilando oficinas externas, comprando un terreno y edificando sus propias oficinas. Ves grandes empresas que empezaron en una habitación. Al crecer empiezan a contratar colaboradores, ya no pueden hacerlo solos, y es momento de salir de la casa.

Solía trabajar en una compañía familiar. Pasé unos meses ahogándome en deudas y hablé con Don Milton Henríquez, el propietario. Era una persona mayor, con la sabiduría que dan los años y además muy alegre. Le encantaba lo que hacía. Una tarde lo vi en el estacionamiento del edificio y le dije: *"Necesito que me aumente salario. Debo diez mil dólares y no puedo dormir"*.

Él sonrió, puso su mano sobre mi hombro y me respondió: *"No te preocupes. Nada pasa. Yo debo un millón de dólares y duermo muy bien"*.

A los años, se lo conté a uno de sus hijos que también trabajaba en la empresa y ambos nos reímos a gusto por esta brillante respuesta. Fue innovador y consiguió crecer. Tenía una palabra que lo definía. La compartía con todos. Y en la empresa solía pegar carteles para animarnos. *Esa palabra era:*

"PERSISTENCIA"

La empresa creció mucho, pero él nunca perdió sus viejos hábitos y estaba pendiente de los más pequeños detalles. Cierta tarde me mandó buscar. Bajé al estacionamiento donde me esperaba. Señaló el piso y me dijo: *"Observa. ¿Ves ese papel? Yo mismo lo coloque allí el lunes. Nadie lo ha recogido en tres días. Quiere decir que no están limpiando bien la empresa"*.

PARADIGMAS

Vamos a romper paradigmas. Vivimos con patrones para todo. Nos han acostumbrado a que lo normal es trabajar para una empresa. Y nos quitan la posibilidad de crecer, soñar, ser idealistas, generar fuentes de trabajo.

Recuerdo a un amigo que se indignó cuando le sugerí que dejara de buscar trabajo e hiciera algo para él. "Soy ingeniero", me respondió, "Siempre he trabajo en una empresa". Casi le pregunto: "¿Y por qué no la tuya?", pero me callé, estaba seguro que no iba a comprender.

Pasamos nuestras vidas ayudando a otros a lograr sus sueños, olvidando los nuestros. Con los años adormecieron su espíritu emprendedor y ya nada quedaba de ello. Ser emprendedor es una actitud. Te atreves a enfrentar tus temores. Luchas contra esa frase que tienes enquistada, metida en tu mente, aferrada allí por años sin que puedas removerla por tus temores naturales:

"No puedo".

He conocido muchos emprendedores, y todos tienen algo en común: son optimistas y tienen determinación. Llega un momento en que no se dejan vencer por las dificultades, luchan por salir adelante, se vuelve creativos y son perseverantes. Un emprendedor pasa la mayor parte del día pensando cómo hacer algo nuevo, generar otro negocio, sacar adelante su empresa. No tiene tiempo para quejarse, ni tener pensamientos negativos. Es una persona muy activa, alegre, llena de entusiasmo. El mundo le pertenece.

Hay algo bueno que no te he contado, cuando arrancas y pones a funcionar tu negocio, la mente se agiliza, aprendes a reconocer nuevas oportunidades, posibles negocios, y como ya perdiste el miedo, te lanzas en pos de nuevas metas. A diario doy gracias a Dios por permitirme hacer lo que me apasiona, escribir, llevar esperanza con la palabra escrita y publicar libros de Crecimiento Espiritual. Empezamos con cuatro libros. Hoy son más de 100, traducidos a 4 idiomas, la mayoría en su décima edición y con presencia en Amazon y librerías de Costa Rica, República Dominicana, Guatemala, Estados Unidos, Nicaragua y otros países.

Cuando iniciamos la editorial pasábamos largas horas armando libros en casa, compaginando las páginas. Eran más de 35,000 libros. Todo parecía tan imposible y era tan difícil, que con frecuencia nos preguntábamos si estábamos en el camino correcto. Aún así, trascurría mis días pensando en la bondad de Dios, sumergido en su amor. Era como vivir en otro planeta.

Empecé inseguro, preocupado. En ese entonces no conocía a Dios. Había olvidado que es un padre Misericordioso y TODOPODEROSO. Recuerdo que tenía 11 nuevos libros por sacar y los llevé a la imprenta. He dudado mucho. Por la falta de recursos. No tenía cómo pagarlos. Temprano fui a misa y me pareció oír en mi interior: "Hombre de poca fe, ¿por qué has dudado?" Entro y el Padre está leyendo el Evangelio: "TODO LO QUE PIDAN EN MI NOMBRE SE LOS CONCEDERÉ". Saliendo de misa recibo una llamada, era una joven que quería comprar libros míos, por la cantidad de dinero que estaba necesitando. ¡Fue Increíble!

Un día recibimos una donación, de una tía, hebrea. "No compro tus libros", me dijo, "porque no soy católica. Sin embargo, como tu tía, quiero apoyar ese proyecto tan bonito que llevas adelante". "Es curioso", le comenté a mi esposa, "somos una editorial católica y la primera donación proviene de un hebreo".

La segunda donación vino de un amigo evangélico. Supo de la editorial. "¿En verdad haces todo esto?", preguntó sorprendido. "Ni yo mismo se cómo lo hago", le respondí bromeando. Entonces extendió su mano, metió unos billetes en el bolsillo de mi camisa y me dijo: "Ésta es mi ofrenda para tu editorial, por el trabajo que realizas". Dios no se hacía esperar y percibía su bondad en todo a mi alrededor.
Una vez me preguntaron:
— ¿Quién es el dueño de la editorial?
— Es Jesús —respondí emocionado—. Yo sólo la administro. Y es verdad. Nunca dejó de sorprenderme.

El buen Jesús se ha encargado de ayudarnos a vencer las dificultades. Lo hace con pequeños "milagros cotidianos", gestos de ternura infinita. Proveyendo, cada vez que algo falta. Hay una fuerza que nos impulsa a seguir. Un ardor en nuestro corazón. Un anhelo de eternidad.

Hace poco ocurrió lo inimaginable. Fue un gesto maravilloso de Dios. Pensaba que ya no daba más, de tanto escribir, diagramar, compaginar, engrapar los libros, diseñar las portadas. Y en un momento de agotamiento, viendo mi inutilidad, le dije a Dios: "Te dejo la editorial. Es tuya". ¿Sabes que fue lo primero que hizo? Se consiguió una diseñadora gráfica. Y de la forma más inesperada.

Unos años atrás recibí un e-mail desde Chile. "Don Claudio", me decían, "me llamo S. R. Compré un libro suyo en la librería Paulina y me encantó. ¿Sabe? Siento que Dios me pide ayudarlo en su apostolado. Me dedico a diseñar portadas para diferentes editoriales. Y si usted me lo permite le voy a rediseñar todas sus portadas sin cobrarle un centavo".

Quedé impresionado. Llevamos meses trabajando día y noche. Ella diseñando, yo enviándole la información que necesita. Ahora, estamos por sacar una nueva y mejorada colección de libros. Se habla mucho del silencio de Dios, yo prefiero hablar de la confianza. Confiar a pesar de todo, contra todo, sabiendo que Dios, en su momento, se hará sentir. Siempre lo hace.

Suelo pensar: "Mira lo que se ha logrado con mi poca fe. Cómo será cuando crezca mi fe y confíe en verdad. Cuando tenga la certeza de Dios y no dude por las dificultades". Estoy convencido que todo se lo debemos al Padre. Y por pura gracia, con tus oraciones, podremos continuar.

Me encanta vivir así. Dedico mis días a la oración, a mi familia y a escribir. Es lo que siempre quise. Tener esta libertad para hacer lo que me apasiona. Casi a diario tengo vivencias increíbles con Dios. Podrías pensar que son una casualidad, pero cuando pasan una y otra vez, hay un factor en tu mente, como un chip, que te dice: "Ey, esto ya no es casualidad".

Hace un año quise dedicarme a una nueva colección, pero no sabía cómo lograrlo. En esos días una persona me escribió de los Estados Unidos, pidiendo un libro digital. Como era algo sencillo le dije que era su día de suerte: "Hoy en mi país los libros son gratis", le comenté en broma y se lo envié.

Quince días después me escribe contándome que le sorprendió este gesto y que le libro le encantó. Me dijo que era el encargado de compras de un grupo de Evangelización en los Estados Unidos, llamado El Sembrador.

Hacían eventos masivos y quería tener mis libros en ellos. Las compras que realizó me permitieron dedicar meses exclusivamente a escribir, sin tener los apremios de la falta de dinero para pagar la escuela de mi hijo, o la mensualidad del auto.

¡Fue asombroso! Y todo por un simple gesto, un libro que obsequié.

~~~

Levántate de esa silla, deja a un lado la pereza, tus dudas, conformidades, seguridades y empieza.

Vamos, ¡arranca ya!

CAPÍTULO 3

Hazlo ahora.

Tal vez nunca encuentres otra oportunidad y te vas arrepentir el resto de tu vida.

EMPRENDIMIENTO

Mi hija Ana Belén tiene una amiga que hornea los dulces más ricos que puedas probar.

Les tomó algunas fotografías, escribió su historia, lo que la motivaba, copió algunos comentarios de sus clientes y lo subió todo a una página web. Ahora no se da abasto con los pedidos que recibe por Internet. Mi hija es uno de sus clientes. Debes apoyar siempre a tus amigos cuando inician sus negocios.

Para ser un emprendedor y trabajar desde tu casa, no necesitas colgar un diploma Universitario en tu pared para ser exitoso.

Un amigo es el que te apoya y te incentiva, es aquél que te dice siempre:

Al que te diga que sin un diploma vas a fracasar…

No lo escuches.

No es amigo tuyo.

"Vamos, tú puedes, no te rindas".

Un diploma ayuda mucho, es verdad, pero no por tenerlo, sino por lo que aprendiste. El conocimiento es algo que nadie te podrá quitar. La experiencia que tienes en esta vida es un tesoro que debes aprovechar, por ello no dudes en hacer realidad tus ideas y generar recursos que tanto necesitas en tu hogar. La vida es complicada pero también maravillosa. Te da siempre nuevas oportunidades, ero son cada vez menos, a medidas que las vas desaprovechando, por el temor o la conformidad con la vida que llevas.

Y si no te graduaste de una Universidad, que esto no sea un obstáculo para ti, ¡tú puedes mucho! Debes intentarlo, no dejar que tus ideas se esfumen porque nunca te atreviste a realizarlas.

Incluso puedes ingresar en una y empezar tus estudios. Nunca es tarde para conquistar sueños.

~~

NUEVOS NEGOCIOS

La forma de hacer negocios ha cambiado en el mundo. Muchos almacenes están en Internet. Se dieron cuenta del potencial que ofrecían la globalización y el Internet. Así surgieron los grandes como Amazon. ***Este libro lo compraste allí.***

Cada vez son más frecuentes las empresas a las que puedes hacerles un pedido por Internet. Mi esposa suele comentar lo que una vez leyó: *"Si no estás en Internet, no existes"*.

Un amigo es fotógrafo profesional. Ofrece sus fotos en una página web. Vive con los Derechos de Autor de sus fotos. Genera tantos ingresos que puede dedicar su vida a hacer lo que más disfruta. Sale en giras educativas por todo el país con grupos de alumnos a los que les enseña el arte de la fotografía. Las personas entran a su sitio y le compran derechos de autor para usar sus fotos.

Es algo similar al sitio: www.shutterstock.com donde adquiero las fotos en alta resolución para las portadas de mis libros. Les pago con mi tarjeta de crédito y bajo las fotos directo a mi ordenador, sin tener que moverme de mi silla. Hay páginas de Internet en las que ofreces tus servicios profesionales como escritor, diseñador gráfico, fotógrafo, corrector de textos, editor de contenidos para páginas web... ¿Qué sabes hacer? ¿Cómo puedes llenar una necesidad? "Querer es poder" bien dicen por allí. Y tú puedes, que nadie te diga lo contrario. Todo es cuestión de actitud, ten los pensamientos de un triunfador y vas a triunfar.

Otra amiga de mi hija confecciona joyas y las vende con su sitio web. Trabaja desde su casa sin apuros, sin jefes, ni horarios. Y lo mejor de todo, tiene libertad de salir e ir donde le plazca, recibe sus pedidos directo a su móvil.

Hasta hace un mes no sabía que podía imprimir mis libros contra demanda, con Amazon, ahora no dejo de hacerlo.

Si tienes mi libro en tus manos significa que funcionó, que puedes hacer negocios nuevos que nunca soñaste.

DEBES PREPARARTE

Me di cuenta de mis errores, no podemos ser ingenuos. Debemos prepararnos. Nadie nos va a dar nada gratis, ni siquiera por lástima. Debemos ganarnos las cosas. Hay que estar bien preparados, conocer lo que hacemos. Y dar lo mejor de nosotros mismos. Si lo haces con entusiasmo, perseverancia y nunca te rindes, tendrás asegurado el éxito.

¿Será fácil? No.
¿Lo conseguirás de la noche a la mañana? No
¿Valdrá la pena? Sí.

La perseverancia es la clave. Recuerdo hace muchos años cuando empecé a escribir y quería que una editorial me publicara los libros.

Por 10 años envié mis trabajos a diferentes editoriales. Recibía cientos de cartas diciendo: *"No nos interesa".* Y hasta una que decía: *"Por favor, no nos mande más sus escritos, no los vamos a publicar".*

Y yo les volvía a enviar los escritos con una carta que decía: *"En realidad, parece el mismo escrito, pero no lo es, denle una mirada".*

Pasados 10 años de continuas negativas, una editorial publicó mi primer libro. Ese mismo año, otra editorial me publicó otro libro… y así comenzó todo. Todo esto me sirvió para aprender. Me preparaba para el momento en que fundaría mi propia editorial. Pronto empezaría a publicar y exportar mis libros. Actualmente los tenemos en países como: Suecia, Nicaragua, España, Costa Rica, Ecuador, Uruguay, Chile, Argentina, Guatemala, Rep. Dominicana, Estados Unidos, Puerto Rico, Colombia, Bolivia y también están disponibles en Amazon, digital e impresos…

Hay que perseverar. **Nunca te rindas**. Rendirse no es una opción.

No te rindas.
Si yo pude, tú también.

EL CONOCIMIENTO

Seguramente, como muchos emprendedores, no llegaste a estudiar Administración de Empresas. Tal vez trabajaste en una compañía y te enfocaste en un área definida como: contabilidad, cómputo, compras, recursos humanos o producción. Pero el concepto global te falta, nunca lo adquiriste.

No pasa nada. La tecnología acude en tu auxilio. Tienes a Google y otros buscadores que te ayudarán. Vamos a asesorarnos.

El conocimiento es fundamental. Debes tomarte un tiempo para estudiar. Antes de dar ese primer paso, de convertir tu idea en un negocio, es necesario que conozcas a fondo lo que vas a hacer.

Busca expertos, personas que empezaron de la nada y ahora son exitosos, pregúntales cómo lo hicieron, pídeles que te orienten. El consejo que casi todos te darán es muy sencillo: *"Haz lo que te gusta"*. Esto es importante porque vas a dedicarle mucho tiempo, tal vez más del que le dedicabas a tu anterior trabajo y ganando mucho menos, al menos al principio. Pero también debes esforzarte y estudiar.

No cometas los errores de los que fracasaron por falta de conocimientos, brindaron un pésimo servicio, o no sabían cómo ofrecer sus productos. Lo básico para empezar bien está en tus manos. Busca en Google o YouTube estos conceptos:

1) Ideas para iniciar tu propio negocio
2) Cómo desarrollar un Plan de Negocios
3) Qué es un Flujo de caja
4) Qué es Rentabilidad

En el camino irás encontrando otros conceptos tan interesantes y necesarios como los anteriores. Estúdialos. Aprende. Y sobre todo… no te preocupes, no es tan difícil como parece. Yo suelo estudiar una hora diaria cada noche, buscando en Internet información sobre "cómo vender libros en Amazon", "qué colores atraen en una portada", "qué servicios puedo ofrecer que me rindan ganancias", "cómo puedo ganar dinero por Internet" y mucho más. Haz una búsqueda sencilla en Google. Te vas a sorprender.

Luego, que manejes los conceptos básicos para iniciar tu negocio vayamos al plato fuerte: *Tu producto*. Debes conocerlo mejor que nadie, saber por qué lo escogiste. ¿Viste la necesidad? ¿Alguien te hablé de ello? ¿Te pidieron ser socio en una pequeña empresa? ¿Tu producto tiene demanda? ¿Alguien lo necesita? ¿Ayudará a alguien? ¿Es necesario?

Si encuentras algo que las personas necesiten y puedes suplir esa necesidad tienes un negocio en potencia.

DEBES CONOCER QUIENES VAN A SER TUS POSIBLES CLIENTES

TODO ES CUESTIÓN DE ACTITUD. Y PERSISTENCIA. ARRIESGATE.

Investiga, estudia, pregunta, averigua quien emprendió con éxito un negocio similar y cómo lo lograron. Haz ruido. Habla de tu empresa, ponla en las redes sociales. Como me decía un gerente con el que trabajé: *"La gallina pone un huevo y en seguida lo cacarea"*.

Rodéate de personas que puedan orientarte cada vez que enfrentes una duda o no sepas qué hacer. Preferiblemente empresarios o personas que hayan recorrido el camino que tú empiezas.

Conocí el dueño de una empresa, que empezósu vida empresarial visitando a los clientes de puerta en puerta. Les ofrecía sus productos.

Con el tiempo dejó de trabajar desde su casa que tenía de oficina y bodega. Alquiló un local, luego compró el suyo propio. Actualmente tiene un edificio con más de 200 colaboradores.

Una tarde me senté con él, le pregunté el secreto de su éxito y me explicó: "Puedo no ser el más brillante, pero me rodeo de los más inteligentes. Ellos suplen lo que me falta, además siempre he sido persistente y conozco a mis clientes, los trato bien y cumplo con ellos, por eso nos va bien".

No vayas a la deriva. No dejes nada a la casualidad. Anota cada noche las 10 prioridades que tienes que hacer el día siguiente. Cúmplelas. Vas tachando cada renglón a medida que lo haces.

Cada noche crea una tormenta de ideas.

Piensa:

    1) ¿Qué hice hoy? ¿Aproveché el día?
    2) ¿Qué puedo hacer mejor?
    3) ¿En qué me equivoqué?
    4) ¿Cómo puedo evitar que vuelva a ocurrir?
    5) ¿Cómo puedo posicionar mi producto?
    6) ¿Qué debo hacer para conseguir recursos?

Después de esto toma un rato exclusivamente para estudiar. Debes aprender algo novedoso, interesante, relacionado con tu empresa y productos. *Ama lo que haces.*

Es lo que yo hago y me ha servido mucho. Me dedico a buscar librerías por países.

Busco por ejemplo las librerías de Colombia y voy anotando sus nombres, dirección y teléfono.

Al día siguiente les envío catálogos y muestras por correo. Luego mi esposa los llama y consigue los pedidos.

*Dios te ha dado muchos talentos,
es hora de ponerlos a trabajar.*

CAPÍTULO 4

*Ten el **coraje** de levantarte de ese sillón, deja de quejarte y empieza a perseguir tus sueños, hazlos realidad.*

Sólo tú puedes lograrlo.
Nadie lo hará por ti.

TU PROPIO RITMO

Estableces tu propio horario y un ritmo de trabajo. Te ahorras el tráfico y el desgaste del auto. Planificas tus salidas en horas que no hay congestionamientos vehiculares y llegas más rápido a tu destino. Gastas menos en gasolina, llantas... Tienes más tiempo para ti y tu familia. Ahorras en ropa. Vistes como quieres buscando tu comodidad. Puedes usar como oficina: tu casa, la biblioteca o una cafetería.

Puedes almorzar en casa todos los días. Comida saludable en buena compañía, eso no tiene precio. Cuando tus hijos lleguen del colegio te encontrarán. Y por supuesto, siempre vas a llegar temprano al trabajo... Sólo tienes que levantarte de la cama, dejar esa pereza, bañarte y tener una actitud positiva. Conozco muchos que tienen una gran tentación y caen en ella arruinado sus sueños, todo lo postergan, "mejor mañana", se dicen y nunca lo hacen. No cometas ese error. Tu mejor momento es AHORA. Tal vez nunca haya un después. No lo desaproveches.

En ocasiones salgo de noche a verifica mis puestos de ventas. Las calles están vacías y no hace calor. En tres horas logro lo que en el día me tomaría hasta 6 horas, sumergido en el tráfico. Es genial.

Todo negocio es un riesgo. Muchos factores harán que tengas éxito. Pero también puedes fracasar. Hay distracciones que siempre están presentes. No las puedes ocultar.

* El Televisor de 42 pulgadas
* Ese mullido sofá en la sala
* La nevera repleta de comida
* Una hamaca cómoda en el patio interior
* Los niños que desean jugar contigo
* El teléfono que timbra en todo momento

Lo peor es cuando no puedes diferenciar entre tu casa y el trabajo, aunque pases la mayor parte del tiempo en tu casa. Como nadie te supervisa te levantas tarde y pocas veces sigues un horario. Pierdes el contacto humano tan necesario en los trabajos con otros colaboradores, para surgir en el mundo profesional.

Algunas veces te vas a sentir solo. No tienes con quien hablar ni compartir las noticias o los eventos cotidianos. Hay días que simplemente no haces nada porque te da pereza, o te acostaste tarde o no planificaste el día. Sabes que nadie te va a llamar la atención. No tienes quien te presione a trabajar ni te exija que cumplas una meta.

Cuando trabajas para tu propia empresa, el salario depende de ti, de tu esfuerzo. Nadie va a llegar a tu casa a decirte: "Aquí tienes este dinero, pensé en ti". Al principio pocas personas tomarán en serio lo que haces. No van a creer que vale la pena. Incluso te cuestionarán: "¿Y cuándo vas a conseguir un trabajo de verdad?". Es natural, están preocupados. Me ha pasado muchas veces. Lo primero que te preguntan es: "¿Y dónde estás?" Luego que les explicas lo que haces te dicen compungidos: "No te preocupes, pronto te saldrá un trabajo".

Algunas grandes corporaciones se han tomado muy en serio esto de trabajar en casa y envían a sus empleados a laborar en casa desde un computador y un teléfono. Lo llaman Home-Office que en español sería Hogar-Trabajo.

Conocen las ventajas y desventajas. Ahorran en infraestructuras. Nadie falta al trabajo porque laboran en casa. Nunca te darán una excusa como: "estoy agripado, no puedo ir". También se ahorran gastos de luz, papelería, etc. Pero puede provocar que sus empleados se vuelvan sedentarios por falta de supervisión y bajen sus rendimientos ya que tienen sus salarios asegurados.

La diferencia es que cuando trabajas para ti si no te mueves y buscas negocios no recibes dinero. Esto es un buen incentivo para una persona emprendedora. Sabe que todos los meses tiene gastos que cubrir.

Debes poner la rueda a girar, y hacer algo, no tienes otra opción. Pero seguro te irá bien. El entusiasmo que pones en lo que te encanta hace la gran diferencia.

~~~

SIGUE ESTUDIANDO

El conocimiento es poder. Lo primero que debes estudiar es qué hace falta, que necesitan las personas. Luego, cuando lo encuentres, debes conocer todas las cualidades del producto o servicio que vas a ofrecer. Te vas a preguntar: "Por qué esa persona lo necesita? ¿Qué podría motivarlo a comprar lo que tengo para él?

Hay otros temas importantes. Estás creando una pequeña empresa. Deberás saber:

1) Cómo calcular el punto de equilibrio
2) Qué es un costo fijo
3) Qué es un costo variable

No te preocupes, no es tan difícil como suena. Puedes aprenderlo como hacen muchos empíricos, que conozco, buscando los conceptos en Internet. YouTube es una gran herramienta para ello. Yo lo utilizo y me quedo un buen rato estudiando, tomando cursos, motivándome a continuar escuchando a personas que tuvieron éxito en lo que estoy emprendiendo.

TU GRAN IDEA

Ahora vamos a lo más importante, lo fundamental, de lo que todo va a depender. Esto me lo enseñó mi hermano Henry que es un gran empresario. Una mañana me llamó aparte para comunicarme: "A partir de hoy nunca más volveré a trabajar para ninguna empresa". Me dejó de una pieza. ¿Cómo se atrevía si tenía un buen salario? El tiempo le dio la razón. Ha vivido intensamente creando nuevas empresas, generando ideas productivas, rentables.

La pregunta que te debes hacer es simple:

¿Qué vas a ofrecer?

Lo básico para empezar es una idea. Ponla a prueba. Esa idea va a surgir de la observación. A tu alrededor te vas a dar cuenta de alguna necesidad, algo que puedes suplir. Todo negocio en casa comienza con una simple idea, o algo que viste o notaste, o una reflexión... una necesidad a tu alrededor. Recuerda, puede ser un bien o un servicio o incluso más... Es algo que vendes, o que haces por alguien.

Cuando mis hijos estaban en la escuela ocurrió una tragedia de la que pocos se enteraron. Una estudiante tuvo un triste acontecimiento. Pensé en mis hijos y pensé en esa pobre estudiante. Me pregunté: "Si hubiese escrito un libro para ella, tal vez se habría salvado". Y me decidí a hacer algo al respecto. Escribí el libro: Nunca te Rindas", que lleva más de 20 ediciones continuas y le ha servido de apoyo a miles de estudiantes en diferentes países.

En mi caso, trasciende y deja de ser un negocio, se convierte en apostolado.

~~

LA PREGUNTAS

¿Necesitas financiamiento? ¿Cómo lo vas a obtener?

¿Qué es lo básico?

Una idea.
El deseo de hacer algo por ti misma.
Entusiasmo.
Anhelos de conquistar tus sueños.

¿Y luego qué voy a necesitar?

El apoyo de tus amigos y familiares.

- Útiles de oficina
- Un escritorio y una silla
- Un teléfono móvil
- Un ordenador
- Conexión a Internet
- Disposición para investigar y emprender
- Entusiasmo
- Actitud positiva

IDEAS PRÁCTICAS

Crear un Blog (suelen ser muy rentables si sabes darles buen contenido)
Hornear dulces de cumpleaños
Tarjetas de felicitación y presentación
Hacer tutorías en línea. Puedes ayudar alumnos de los colegios con sus tareas o a empresas que desean asistentes virtuales. Puedes hacerlo a través de Skype o Google.
Diseño de páginas web, puedes aprender a hacerlo. Es más senillo de lo que piensas.
Consultor independiente, si eres especialista en algún área.
Seminarios y charlas de etiqueta y costura
Clases de inglés, guitarra o baile
Cursos de buenas costumbres on line
Corrector de textos
Levantamiento de textos
Servicio de costura
Enseñar el idioma local a extranjeros
Organizar seminarios y bodas
Alquilar una habitación a estudiantes
Dar albergue a extranjeros jubilados
Trabajar como contadora
Crear artesanías y venderlas on line

Si buscas en Internet encontrarás infinidad de ideas prácticas que te pueden servir. Lo importante es hacerlo, no quedarte viendo cómo otros conquistan sueños y tú sólo observas.

Lo más efectivo y práctico es una tienda on line y tu página web para promocionar tus productos y servicios. O venderlos a través de empresas que te ofrecen estas facilidades, como es el caso de Amazon.

Puedes encontrar cientos de ideas creativas en cualquier buscador de Internet. Lo importante es que te sientas a gusto con lo que decidas, que lo hagas con excelencia y lo disfrutes en grande.

~~

SIGUE TUS SUEÑOS

Tienes que saberlo...

¿Por qué elegiste ese producto o servicio?

En mi caso es muy sencillo. Queríamos encontrar una forma de ayudar a los demás. Y como me encanta escribir, lo más lógico fue esto.

Cada libro, cada palabra, es un como un abrazo que doy, un gesto de esperanza.

Si yo a mis 50 años empecé a escribir y publicar mis libros. Tú también puedes lograr tus sueños, no importa la edad. Moisés tenía 80 años cuando sacó a su pueblo de Egipto.

Sigue tus sueños, eres un emprendedor nato, está en ti.

Nunca te rindas.

Encontrarás la inspiración y
las fuerzas que necesitas para continuar.

¿Y las dificultades?
Son parte de la vida.

¡Ánimo!

Yo sé que tienes la capacidad para
salir adelante.

CONOCIMIENTO DEL PRODUCTO

No importa si eliges un servicio o un producto. Si es un producto, estúdialo bien. Debes estar convencida que vale la pena venderlo. Te convertirás en una experta. Sólo así podrás asesorar a tus clientes y diferenciarte de tu competencia.

La pregunta que te harás es muy sencilla: ¿Por qué mi producto le puede interesar a un cliente? ¿Cómo puede mejorar su vida? El concepto de lo que ofreces debe llegar al corazón de tu cliente. Yo no vendo libros, ofrezco esperanza.

Al principio me iba muy mal, no vendía ni un libro. Entonces recordé lo que una vez leí sobre el éxito de Japón después de la guerra. Un país devastado que de pronto empieza a surgir.

¿Cómo lo hicieron? Fue muy sencillo… buscaron al mejor, alguien que sabía bien cómo salir de las crisis: William Edwards Deming. Y usaron el método Deming basado en 14 puntos de la calidad total, para superar su crisis.

Deming creía mucho en la lealtad, la capacitación continua y el trabajo en equipo. Te recomiendo buscar en Internet información sobre los 14 puntos de Deming, te va a encantar. Recordando esto pensé que, si no sabía vender, buscaría al mejor vendedor que yo conociera. Eso hice. Le expliqué mi problema y me enseñó cómo vender libros. Luego contacté una diseñadora gráfica experta en diagramar libros y diseñar portadas. Me enseñó las bases desde las que empecé a trabajar.

Ahora escribo mis libros, los diagramo, diseño sus portadas y los vendo.

Es un trabajo en equipo, una editorial familiar. Mi esposa Vida se especializa en conseguir los puntos de ventas y mis hijos me ayudan a colocar lo libros. Mi mamá aún me acompaña a los eventos feriales y mis hermanos y amigos están pendientes y me avisan cuando en algún lugar los libros se están agotando.

~~~

CAPÍTULO 5

Sin clientes no hay negocio.

TUS CLIENTES

Sin clientes no hay empresa. Puedes tener el mejor producto del mundo, el más práctico, útil, a un precio competitivo, pero si no tienes clientes, tu empresa quebrará.

Dicen que es más fácil conseguir un cliente nuevo que recuperar uno perdido. Por eso las grandes corporaciones brindan seminarios sobre el "trato al público". Un cliente satisfecho siempre vuelve. El cliente lo es todo. Ya sea que lo trates directamente o a través de Internet. No puedes darte el lujo de perder un cliente por un mal producto o un pésimo servicio.

Debes cuidarlos, consentirlos.

Cumplo el 3 de julio, durante años, recibo en esa fecha una tarjeta de felicitaciones. Me la envía la empresa con la que tengo mis seguros. Este gesto me hace sentir que soy importante para ellos. Recuerdo una encuesta en la que preguntamos a los clientes lo que más les motivaba a comprar en la empresa donde laboraba. Era un almacén.

Teníamos precios excelentes y pensé que sería el primer punto. Pero me equivoqué. El precio quedó de tercero.

Estos fueron los resultados:

1) Buen servicio
2) Productos de calidad
3) El precio

A los clientes les encantaba venir porque las vendedoras siempre les recibían con una amplia sonrisa, eran amables, les encantaba lo que hacían y a cada cliente lo llamaban por su nombre.

Más que clientes, **_eran personas_** con nombres y apellidos.

Les gustaba saber que en nuestro almacén los productos eran de calidad y que encontrarían todo lo que buscaban ahorrando tiempo y dinero. No tendrían que pasar la mañana de un lugar a otro. Por último, el precio. Teníamos buenos precios. Alguno escribió que no le importaba pagar más, siempre que mantuviéramos la calidad y el buen servicio.

Debes acostumbrarte a pensar que no *vendes un producto,* le facilitas la vida a alguien. En mi caso, no ofrezco libros, abro puertas a nuevos mundos y posibilidades.

Te muestro lo que he aprendido y me hubiera encantado que alguien me enseñara. Con mis libros no te ahorro los golpes de la vida, pero sí te muestro cómo perseverar e ir más allá.

CLIENTES SATISFECHOS

Es algo que todos sabemos:

*"Un cliente satisfecho
siempre regresa".*

¿CÓMO LOGRARLO?

¿Qué sitios frecuentas y por qué? Hazte esa pregunta. Yo suelo ir de compras a un pequeño local donde cuando entro la dependiente me sonríe amable y me dice: "Buen día señor Claudio, ¡Bienvenido!" A veces me he preguntado cómo hizo para aprenderse mi nombre. Tuvo esa delicadeza y siempre lo usa. Es sorprendente. Cuando voy sin Vida, mi esposa, me comenta con entusiasmo: *"Hoy no trajo a su esposa Vida. No olvide llevar el paquete de maní tostado que tanto le gusta"*.

Crea una cultura de servicio.

* *Llámalos, **a tus clientes**, por sus nombres.*
Para cada persona su nombre es lo más importante.

* Escúchalos *con atención*.
Que sientan cercanía contigo.

* *Si te equivocas...* reconócelo.

* No *los hagas esperar.*

Sus reclamos atiéndelos en seguida.

* *Cumple lo que les prometes.*
Nunca les mientas.

* *Siempre sonríe.*
Trátalos como te encantaría que te traten.

Procura que siempre se hable bien de tu negocio. ¿Te ha pasado que mencionas un lugar y te dicen que no vayas, porque el servicio es pésimo? Cuando empieces a ofrecer tus productos o servicios, cumple siempre, no ofrezcas algo que no puedes cumplir. Sé amable, cordial.

Trata de conocer a tu cliente lo mejor que puedas. Escucha con atención para comprender sus necesidades, lo que esperan de tu empresa.

Las referencias son muy importantes. Ponlas en tu página web, te ayudarán a conseguir nuevos clientes.

~~

PUNTOS DE VENTAS

Va a llegar un momento y créeme, te acordarás de estas palabras, en que te sentirás atorado, que necesitas expandirte, crecer, llegar a más personas. Y los puntos de ventas son la clave de ese crecimiento.

No tienes que pasarte la vida tocando de puerta en puerta. Los puntos de ventas lo harán por ti. Por eso debes poner cuidado cómo presentas tus productos, es lo que va a determinar si un cliente los compra o no. Debes estar pendiente de ordenarlos y abastecer con tiempo cada local.

Mis libros están en diferentes puntos de venta. Cada vez que paso a supervisarlos, me preocupo por ordenarlos, rellenar los muebles, verificar si están a la vista de los compradores, si los han maltratado o están sucios para cambiarlos, los rotos para que cambie su visibilidad y los ordeno combinando los colores de las portadas, para que sean más llamativos. Una amiga experta en mercadeo los vio en un supermercado y me recomendó:

A veces un detalle, un cambio que parece insignificante hará la diferencia. Esto lo he comprobado cientos de veces. Observa dónde los colocaron y si no rotan trata de cambiarlos de lugar.

Es muy cierto lo que me dijo. Es algo que aprendí y lo había olvidado. Tenía 19 años cuando obtuve mi primer empleo. Fue en una cadena de almacenes por departamentos. Cada producto llevaba en su etiqueta el precio de venta, costo y una clave que te indicaba las unidades que llegaron a ese almacén y la fecha de llegada. Esto ayudaba mucho cuando hacías inventarios y podías conocer su rotación. Un día llegó el supervisor a mi almacén. Yo apenas tenía unos días allí y era muy inexperto. Se acercó a unas toallas con bordados y estampados, muy bonitas, que coloqué en un pasillo.

—Señor de Castro— me preguntó, — ¿cómo le va con estas toallas?
Yo era un poco presuntuoso.
—Desde que llegué, todo vuela en este almacén. Se venden como pan caliente.

—Por favor verifique cuándo llegaron y cuántas se han vendido—, solicitó.
Tomé la etiqueta y pedí un inventario rápido.
—Llegaron hace tres meses...
— ¿Vendidas?
—Una.
—No se preocupe—, me respondió. —Mueva el exhibidor con las toallas hacia el lado derecho del pasillo y déjelas allí.
—No comprendo.
—Sólo hágalo, volveré en dos meses y veremos.

Dos meses después regresó. Fue directo a las toallas.
— ¿Y bien? — preguntó.
—No sé qué ha pasado—, repliqué. —He tenido que hacer dos pedidos adicionales porque todas se han vendido.
—No hay tal misterio —, dijo y sonrió con amabilidad, —Es muy sencillo. La mayoría de las personas son diestras y cuando caminan, involuntariamente miran hacia la derecha. Las toallas estaban a la izquierda del pasillo. Por eso, cuando lo clientes pasaban frente a ellas no las veían. No puedes vender un producto invisible, de estar al alcance del cliente.

Los puntos de ventas son una ayuda extraordinaria. En mi caso, los lectores terminan siendo mis mejores promotores. Leen los libros, les gustan y los recomiendan. Trato que un libro te lleve al otro, por eso en las últimas páginas siempre recomiendo otros libros para que leas.

* * *

"Necesito que mis ventas superen los costos, fijos y variables, para disponer de recursos y editar nuevos libros".

Esta frase la puse a propósito. Seguro pensaste: —Entiendo eso de los costos, sé de qué está hablando. Esa era la idea. Ya sabes lo que es un costo, cuánto cuesta tu producto o servicio y sabes que debes tener un margen de ganancia. *¡Eso es fabuloso!*

* * *

Los puntos de ventas trabajan para ti.

Mientras estás en casa planificando el día o visitando nuevos clientes, tu producto está a la vista de todos, disponible. En este momento alguien compra uno de mis libros y yo me encuentro en casa escribiéndote estas líneas.

* * *

Una empresaria me recomendó: *"Trabaja en tu casa. Ahorra. Deja que tu negocio te haga crecer"*.

* * *

Cuando estoy preocupado porque las ventas locales van mal, mi esposa suele abrazarme y me consuela recordándome:

"Tranquilo. El mundo es tu cliente".

~~

EL ÉXITO

2:30 p.m.

Estaba sentado frente al ordenador, escribiendo estas líneas y se me antojó un helado. De estar en una empresa tendría que esperar la hora de salida. Pero no tengo horarios fijos, yo mismo determino lo que hago o debo hacer, y me dije: "No tengo jefes, puedo salir si lo deseo". Apagué el ordenador, tomé el auto y me fui a una heladería. Mientras conducía recordé cuando estaba en una empresa trabajando y no podía darme esto pequeños gustos. Esta es una de las ventajas de no trabajar para nadie. Si deseo me tomo un café con los amigos, o me voy al parque a disfrutar un rato la naturaleza. Para mí, ésta es la mejor definición del éxito... *Ser feliz con lo que haces.* Me estacioné para comerme mi helado, mientras pensaba: "¡Qué sabroso! ¡Esto es vida!"

El tiempo que tienes es un regalo que Dios te da. Ahora que tengo mi empresa, quiero aprovecharlo, hacer cosas memorables. La vida es muy corta, eso lo aprendes con los años.

Debes aprovechar cada día, que sea productivo, que te sientas a gusto y feliz con lo que lograste.

Planifica tu día.
  * Sal a buscar nuevos clientes
  * Visita a tus puestos de ventas.
  * Haz un listado de posibles clientes en Internet
  * Estudia cómo mejorar tu producto
  * Revisa tus ventas y cobros

Sobre todo, pregúntate qué nuevos proyectos puedes crear con lo que ahora sabes. Los días se van tan rápido que casi no los sientes, Y hacemos tan poco. Cada día debe ser de provecho. Hay que lograr que sean días perfectos, en los que logres tus metas.

A los clientes les gusta el contacto *cara a cara,* verte, saber de ti, sentirse atendidos, conocer tus novedades. *El servicio al cliente es fundamental.*

Tengo la mejor herramienta a mi disposición: El Internet. Uso el buscador Google y escribo: "Librerías católicas". Esto me da material para trabajar durante una semana.

Otras veces me siento a planificar nuevas estrategias. Me pregunto:

1) ¿Dónde estoy en este momento?
2) ¿Dónde quiero estar en cinco años?
3) ¿Qué puedo mejorar?
4) ¿Qué herramientas de Internet debo aprender a usar?
5) ¿Cómo hacen las editoriales exitosas para distribuir sus libros?

No tengo que crear nada IMPOSIBLE, todo lo que necesito en este momento para llevar adelante mi empresa ya existe. Me parece que es el método de William Deming el que sugería: "Subirme a los hombros de los que lo han logrado". Antes que él se le atribuye esta frase a Isaac Newton: *"Si he logrado ver más lejos, ha sido porque he subido a hombros de gigantes."* Es lo que hago. Estudio esas empresas, leo sus historias, aprendo de ellos y arranco donde ellos están al día de hoy, aplicando lo mejor de sus estrategias. Debes aprender a usar las nuevas tecnologías. No te quedes atrás. Podrás promover tu negocio o producto efectivamente. La tecnología me ayuda a encontrar clientes alrededor del planeta.

La clave es saber cómo vas a comercializar tu producto. Tienes muchas herramientas en Internet para mercadear. Lo vas a pasar de lo mejor, ganando lo suficiente e invirtiendo poco. Aquí te dejamos algunas ideas interesantes, las que uso a diario. Son efectivas e impulsan mi editorial.

¿ESTÁS EN FACEBOOK?

Te dan la opción de llegar a miles de personas con tu producto, promocionándote con ellos. Haz la prueba. Consigues un alcance increíble. He probado colocando anuncios en Facebook y su efectividad. Son económicos y debes saber colocarlos para no tirar tu dinero al basurero. Facebook nos tiene a todos fichados por edad, sexo, país, idioma, gustos, intereses, de qué países son tus amigos, etc. Y te permite con esta información segmentar el mercado al que vas a enviar tu anuncio. Te preguntas: "Qué tipo de personas me interesa que vean este anuncio para que impacte". Eliges los rangos de edades, el idioma que hablan, los países… Es difícil que vendas en Facebook. Te ayuda mucho, pero para darlo a conocer. Entonces, ¿Cómo vender?

Debes incluir "MÁS INFORMACIÓN" con un botón y los llevas a tu página web donde les presentas tu producto o servicio, todas sus cualidades, precio y el enlace para que coloquen sus pedidos y puedan pagar.

¿TIENES CORREO ELECTRÓNICO?

Aunque no lo creas, muchas personas aún no tienen ni usan un correo electrónico. Debes obtener uno. Yo lo uso todos los días haciendo consultas sobre Derechos de Autor, escribiendo a otras editoriales, contactando librerías alrededor del mundo, enviando a mis amigos novedades de la Editorial, o simplemente saludando a un cliente. ¿Cómo he logrado posicionarme en tantos lugares? Muy sencillo: *aprovecho mi correo electrónico para mercadear mis libros*. Es un gran aliado para darnos a conocer, mostrar quiénes somos, dónde estamos, cuál es nuestro sitio web.

INSTALA INSTAGRAM

Al día de hoy Instagram es una de las mejores aplicaciones para vender PRODUCTOS Y SERVICIOS

Hay muchos consejos en las redes para los que empiezan a utilizar Instagram. Muchos amigos y amigas de mi hija lo usan para ofrecer sus productos, ropa, postres, catering. Para que sea efectivo deben tener una identidad visual, ser agradables a la vista y publicar contenidos relevantes, que a las personas les interesen. No te olvides de optar por un perfil público para que los usuarios de esta red puedan acceder a ti sin mayores problemas y de cambiar tu perfil personal en uno comercial.

~~~

CAPÍTULO 6

El futuro es ahora y no espera por nadie.

TU PÁGINA WEB

¿Creaste la tuya?

Tu negocio debe estar en la web. Es fundamental. Será tu ventana al mundo, la tarjeta de presentación de tu empresa. Tus clientes verán quién eres, lo que ofreces, qué te motiva, cuáles son tus precios, por qué deben comprar tus productos y dónde pueden conseguirlos. Y tendrán a opción de realizar la compra y poder pagar el producto. ¿Quieres el mejor ejemplo de una página web efectiva? Visita **www.amazon.com**

Los costos para desarrollar tu página web son bajos y a tu alcance, si los compara con el beneficio que recibirás. Muchos la llaman "página electrónica" o "cyber página". Recuerdo cuando aparecieron por primera vez, necesitabas un programador que conociera el lenguaje de las computadoras. Nunca quedaban a tu gusto. Yo pagaba por cada cambio que le hacía a mi sitio, por cada nuevo libro que incorporaba. Ahora es más sencillo. Hay plataformas que te ofrecen plantillas interesantes y te enseñan cómo crear un sitio web.

Escoges la que más te gusta, la editas. Más sencillo no puede ser. Me gusta trabajar mis páginas web con la empresa WIX.COM Tienen plantillas excelentes. Crear un sitio web es esencial si quieres posicionar tu producto y crecer. Te ayudará a incrementar tus ventas pues tus productos estarán disponibles 24/7 es decir: "siempre". A mí me ha sido de gran ayuda. No tienes idea cuánto. Tener una página web te permite visibilidad en TODO EL MUNDO. Será tu punto de referencia. Es una gran aventura y lo vas a disfrutar en grande. Trata de incluir una sección de videos, cuenta tu historia, muestra lo que ofreces, pon textos a tu gusto, incorpora fotos de buena resolución, todo lo que describa tu empresa, por qué lo haces, cuáles son tus metas, que visión tienes, a quiénes vas a llegar. Crea secciones interesantes, llamativas. Estudia las palabras claves más buscadas en Google, para que tus clientes potenciales te encuentren con facilidad. Debe contener información práctica, que les sirva a tus clientes. Incluye botones de redes sociales, también información y contenido de valor que los motive a trabajar contigo. No olvides incluir un listado de tus productos con fotos "de buena calidad" y textos cortos que expliquen sus cualidades.

La foto es vital, no te equivoques al poner una de mala calidad, poco llamativa. Todo producto entra por los ojos. Esto lo han aprendido las cadenas de comida rápida que en los menús incluyen fotos de los alimentos preparados.

Incluye los precios, modelos, tamaños, cómo comprar y pagar. Siempre ayuda poner comentarios y reseñas de los clientes satisfechos. Yo lo hago e incluyo testimonios de mis lectores, y me ha resultado de lo mejor. Luego pon un enlace para que tus clientes te contacten al correo electrónico, Incluye tu teléfono y dirección física. La mayor parte de las plantillas que ofrecen vienen con estas secciones. Sólo debes editarlas. Cuando termines la edición, consigue un dominio llamativo (es el nombre con el que van a conocer).

El mío es:
www.claudiodecastro.com

Estas plantillas incluyen un contador visible para que sepas cuantas personas han visitado tu sitio. Al final la subes al Internet y ¡listo! ¡Felicidades! Ya estás en el mundo virtual. Recorriste la mitad del camino.

Ahora debes promocionar tu página web para que tus clientes te visiten y los buscadores de Internet te encuentren.

Estas son algunas sugerencias prácticas:

1) Informa a todos tus conocidos que tienes una nueva página.

2) Crea un blog especializado con buen contendido e información de calidad y en él puedes generar tráfico hacia tu página web.

3) Usa los servicios gratuitos de posicionamiento (puedes encontrarlos con los buscadores de Internet) como Google Ads.

4) Usa las redes sociales a tu favor.

5) Crea en Facebook una página donde vas a promover tus servicios y productos. Muestra las últimas actividades, comparte los comentarios de tus clientes. Pon curiosidades de tu producto. Haz alguna promoción.

6) Actualiza siempre tu sitio, hazlo interesante.

7) Únete a Linkedin, el portal de profesionales.

8) Invita en Instagram a tus seguidores a que te visiten

Cada día aumenta más el servicio de compras y ventas por Internet, sé parte del futuro. Debes conocer en qué redes sociales se mueven tus clientes, para poder alcanzarlos. Si te promueves bien en las redes sociales, serás como el pescador exitoso. No se sienta en su bote al vaivén de las olas a esperar que algún pez pique su anzuelo, sino que usa grandes redes, radares sofisticados y todo lo que encuentre a su favor. Siempre llegarás a tu casa con la cena.

La globalización, el Internet, y tu emprendimiento serán grandes aliados. Entre Facebook e Instagram hay más de 3,000 millones de usuarios activos. Tus clientes llegarán de todos los países. No lo olvides: *"El mundo es tu cliente"*.

~~

Es posible trabajar desde tu casa por Internet u otros medios. Pero ten cuidado que no te estafen. Recuerda:

No existe el dinero fácil.

Considera que, si es demasiado fácil, a lo mejor es una estafa. Abundan los ejemplos. Sólo hay que abrir tu correo y encuentras cientos de anuncios de trabajo para desarrollar en casa, sin que te cueste nada, ni necesites un título académico. Te ofrecen hasta $1,500 al mes por ensamblar tonterías. Te pagan por cada unidad que ensambles. ¿Acaso aparece el nombre de la empresa, o su dirección física? Te piden la módica suma de $30.00 para que compres un catálogo en el que te explican los procedimientos y te muestran los diferentes diseños. Una vez que haces la transferencia, te mandan una muestra. Luego, desaparecen del mapa. Es increíble lo ingenuos que solemos ser. Suena tan real, se ve real, parece real y necesitamos algo así. Pero no es verdadero. Ten mucho cuidado. No seas uno más.

Internet está plagado de trampas y estafas. Cada día surgen nuevas formas de engañar a las personas. Casi a diario recibo email en los que me dicen. "Felicidades... usted se ha hecho acreedor a..." no los sigo leyendo, los borro enseguida. Y cuando son de algún banco pidiendo que actualice mi cuenta, redoblo los cuidados, telefoneo al banco y casi siempre me advierten: "No hemos sido nosotros".

En las diferentes guerras los soldados encuentran objetos aparentemente inofensivos. En su ingenuidad los levantan y activan un poderoso dispositivo explosivo que los mata. En inglés los llaman Booby Traps. Los Booby Traps del Internet no te atrapan, ni te matan, pero te quitan el dinero que necesitas para tu empresa. Súbitamente recibes un correo informando que alguien que desea donarte su herencia. A cambio te piden $60.00 para los trámites bancarios. Te parecerá increíble, pero hay personas que caen y envían el dinero. Justo terminando estas palabras me llegó este mail de un tal Sadow Jake. Dice así: *Estimado. Tengo una caridad de donación transacción para usted: Write Me On: hariszinnmer@qq543.com".*

Lo curioso es que ni siquiera tienen el cuidado de escribir bien el español. Ten prudencia. Sabiendo esto, aún es posible trabajar en casa. Yo lo hago, me va bien y disfruto mis días a plenitud. Cada vez que recibo estos correos, los desecho y listo, no pasa nada.

También debes saber que hay algunos casos que son genuinos. Mi hija tiene una amiga que su casa está repleta de muestras que le envían **gratis** de muchos lugares. Ella me brindó esta información para ti, como una curiosidad. En internet se puede obtener todo tipo de bienes de forma gratuita; desde clases de idiomas, libros electrónicos, música y películas hasta muestras de lo que no te imaginas. Una amiga experta en esto me orientó. Algunas formas de obtener estos beneficios son de la siguiente manera:

1) Seguir a sus marcas / tiendas favoritas en redes sociales (Facebook, Twitter, Instagram) ya que muchas veces allí anuncian muestras gratis, cupones o concursos donde regalan productos.

2) Busca en Facebook *free samples* (muestras gratis) ahí aparecerán varias páginas que enlistan diferentes muestras gratis disponibles actualmente. Esto lo facilita mucho pues esta todo organizado en un solo lugar.

3) Algunos sitios web envían muestras a cambio de su opinión sobre las mismas. Los mejores

son: Crowdtap.com, Bzzagent.com, Pinchme.com, Swaggable.com, Influenster.com y Klout.com

Es posible que necesites obtener un apartado postal en los Estados Unidos ya que algunas de estas muestras gratis están enfocadas hacia el mercado estadounidense por lo que solo hacen envíos a direcciones en este país.

~~

CROWDFUNDING

"Cuando se quiere, se puede".

Estoy probando una plataforma del crowdfunding, o financiamiento colectivo. ¿Cómo funciona? Un grupo de personas aporta dinero y a cambio les ofrezco una recompensa, que los incentive a participar.

Es algo poco conocido en mi país. Sin embargo, es de uso cotidiano en otros países, seguramente es una estrategia que conoces bien. Hay editoriales que han transformado sus estructuras para trabajar en base al crowdfunding.

¿Un autor quiere publicar su libro en grandes cantidades? No hay problema, filma un video contando por qué quiere publicar su libro, cuál es el propósito de su proyecto, establece recompensas interesantes para sus mecenas, aquellos que aportarán al proyecto y usa las redes sociales para mercadearlo con éxito y que se conozca. En el crowdfunding no estás vendiendo tu libro, vendes una idea, un sueño y buscas personas que se identifiquen con tu proyecto y quieran aportar.

A cambio les das recompensas simpáticas, llamativas, como una cena con el autor acompañado por todos os mecenas, el nombre del mecenas en una página de agradecimiento del libro…

Con el financiamiento colectivo nace una herramienta muy valiosa para los emprendedores, los inventores, los que tienen una idea, pero no cuentan con recursos para hacerla realidad, los que tienen metas por realizar.

~~

CAPÍTULO 7

Repite conmigo:

*"Yo puedo. Soy capaz. Lo intentaré. Voy a persistir y **jamás me rendiré**. Trabajaré con "pasión" hasta conquistar mi sueño y llegar a la meta.*

TRABAJANDO EN CASA

Seguro habrás notado que en la portada del libro dice: "No es suerte. Es cuestión de actitud". La actitud lo es todo para conseguir el éxito.

El sentido lógico sería que la portada dijera también: *"...y ser Exitoso"*. Con toda honestidad, después de todo lo que he vivido prefiero primero ser feliz. El éxito viene en muchas envolturas, es como la famosa caja de chocolates en la película Forest Gumb, siempre será una sorpresa el sabor que te toque. Veo el éxito como una caja de dulces, con muchas envolturas y sabores. Cada cual va a elegir el éxito desde su perspectiva. Yo prefiero pensar que ser exitoso es ser feliz. Estamos llamados a ser felices. Es lo que Dios nos pide: *"Estad siempre alegres en el Señor; os lo repito, estad alegres"* (Filipenses 4,4)

La *necesidad* nos obliga a ser creativos, es un gran aliciente. Sé creativo, emprendedor, no te dejes vencer. Si las circunstancias y la necesidad te obligan a trabajar en casa, hazlo.

Diviértete haciéndolo, saca provecho de tu nueva situación, que valga la pena.

Yo sé que puedes. No es imposible. Lo hago a diario y conozco a muchos que también disfrutan este tipo de vida, diferente, especial, como un regalo que se nos da.

> ***Te deseo el éxito que viene en la
> envoltura de la felicidad.***

~~~

CÓMO LOGRARLO

¿Cómo lo haces?

Es la pregunta más frecuente. Un amigo recientemente me comentó: "Hay días en que no sé cómo arrancar". La verdad es que todo inicio cuesta, no es fácil. Acostumbrado a una rutina de trabajo, verme libre de ella me desconcentraba y a menudo no sabía qué hacer en el día. Cuando empecé a escribir era un soñador, armaba mis libros artesanalmente en casa. Me ayudaba mi familia. Eran largas horas escribiendo, diagramando y armando los libros, engrapando sus portadas. Recuerdo que terminaba tan cansado que me costaba levantarme al día siguiente. Nunca me pregunté si aquello tenía sentido. Era un sueño que se hacía tangible. Era lo único que pensaba. "No puedo rendirme".

Muchas personas no comprendieron lo que trataba de lograr y me preguntaban:
— ¿Cuándo vas a trabajar?
Yo sonreía y respondía:
— Estoy trabajando.
— Pero en una empresa.

— Tengo mi empresa.
— Sí... pero un trabajo de verdad.

Vaya que me costó que confiaran en lo que estaba haciendo. Y les comprendo. Estamos acostumbrados a ver la vida desde la óptica de un trabajo seguro, una casa, una jubilación. Y yo la veía a mis 50 años desde una esquina diferente, sería mi última gran oportunidad. Había perdido demasiado tiempo y ya no quería seguir así. De haber sabido lo que ahora sé, lo habría hecho desde los 25 años.

Siempre recuerdo una mañana que busqué a mi hermano en su trabajo. Creo que te lo comenté en páginas anteriores. Me gusta repetirlo porque fue algo que marcó mi vida. Se podía ser empresarios, trabajar para ti, sólo necesitabas actitud, coraje y ese sentido de emprendimiento que nos ayuda a triunfar. Yo tenía 18 años, él 24, y me dijo:
— A partir de este momento jamás volveré a trabajar para alguien.
Lo miré extrañado. Tenía un salario buenísimo...
¿Estaba loco? Creó algunas empresas, trabajó en su casa y nunca volvió a trabajar para nadie.

TU ESPACIO SAGRADO

Te quiero hablar de algo muy importante. Pon atención. Necesitas "sagrado" un espacio en tu casa, una esquina, un rincón, una habitación... algún lugar donde puedas concentrarte y TRABAJAR.

Debes evitar la más grande tentación de los que trabajan en casa: *recostarte en la cama con tu ordenador portátil sobre las piernas, pensando que serás eficiente.*

Tu espacio de trabajo es sagrado.

Imagina que conversas con un cliente por teléfono y entra el niño llorando, o que el perro que se trepa en tus pies y empieza a ladrar o te empiezan a llamar a gritos para que vayas al supermercado. ¿Qué piensas que va a pasas? Terrible ¿ah? Debes darle un toque profesional a tu proyecto. Vestir impecable. Tener un teléfono exclusivo para tu empresa, que nadie más use.

Si no lo haces corres el riego que tu mejor cliente llame por primera vez y escuche alguien respondiendo: *"Familia Fernández, ¿diga usted?"*

Las distracciones en casa son muy frecuentes. De pronto me dice mi esposa: "Hay que comprar leche, huevos y pan".

Debes tener un espacio libre de distracciones. Si no lo consigues, estás destinado a trabajar a deshoras, en momentos, cuando no entren los niños, tu esposa (o), el perro, tu gato...

Y, por favor, evita una de las grandes tentaciones que surgen cuando trabajas en tu casa: "Trabajar en pijama". Es lo pero que puedes hacer. Te baja el estado de ánimo, te quita actitud, y te hace dócil a la pereza.

~~

¿CÓMO FUNCIONA?

¿ES UN TRABAJO SOLITARIO?

Soy escritor. Necesito momentos de silencio. Soledad. Tiempo para leer y escribir y reflexionar. La verdad es que tiene enormes ventajas, pero a la vez sientes que es un trabajo un poco solitario. En una empresa estás rodeado de personas que las que interactúas todo el día, aquí, en casa, estás con tu esposa que atiende otros asuntos y te quedas solo muchas veces. Esto genera una de las grandes tentaciones de trabajar en casa, tal vez la peor de todas: "No hacer nada".

Me cuesta acostumbrarme a trabajar sin interactuar con otras ppersonas, tener con quien comentar un programa de televisión, un acontecimiento reciente... Por eso suelo salir con mi esposa y me tomo un café, voy donde hay personas, conversamos un rato y regreso a mi trabajo en mi estudio. Es curioso. Muchos sueñan con trabajar en pijama y hasta alardean de ello. "Demoro un minuto en llegar a mi trabajo". Piensan que esto mejorará su calidad de vida.

La verdad es que te hace improductivo y empiezas a consumir tus recursos económicos.

NUNCA TRABAJES EN PIJAMA.

Ellos se levantan de la cama y, se dirigen a su esquina de trabajo e inician sus labores, así como están. Los espera un café humeante al lado, un panecillo con mantequilla para desayunar y luego vuelven a su oficio. Es un grave error, te acomodas demasiado terminarás **por no hacer nada más que estar tirado en un sofá, durmiendo una siesta.** Estás en tu casa para trabajar no para descansar. Debes generar dinero, ideas, recursos. No caigas la tentación de trabajar en pijama. Tu vestimenta te ayuda a sentirte bien y trabajar a gusto. Trabajar en pijama denota dejadez y cansancio. No vas a progresar así.

¿Sabes cuál es tu peor enemigo para progresar? LAS DISTRACCIONES. Hace que te vuelvas desordenado y con el tiempo vas a perder las motivaciones que necesitas para triunfar. Las distracciones hacen que pierdas tu norte y te quedas sin un "propósito".

Conozco algunos que se dicen felices: "Como no tengo jefe que me vigile, iré un rato al banco, luego a la cafetería, compraré los diarios, pasare un rato por el parque, tal vez al supermercado y por último a trabajar un rato". Créeme, sé de lo que hablo. Ese rato se convierte en NADA. Me ha pasado cientos de veces a mí. Salgo a dar vueltas en el coche y cuando me doy cuenta se ha ido la mañana. La pereza te agarra fuerte y en la tarde descansas de no haber hecho nada. Y las cosas empiezan a empeorar. Consumes tus recursos para quedarte sin un centavo, desesperado, sin saber qué hacer.

Ese "trabajar" generalmente inicia a las once de la mañana, cuando se acerca la hora de almuerzo o a las dos de la tarde. No caigas en ello. Debes mantener tu ritmo de trabajo.

Ten planes, metas, evita las distracciones y trabaja, teniendo en mente que lo más importante es tu familia y que ya no vives para trabajar, ahora trabajas para vivir porque la vida es muy corta y debemos también vivirla y disfrutar los momentos de alegría que el buen Dios nos permite.

Debes crearte una disciplina de trabajo y cumplirla. Los entendidos recomiendan trabajar en bloques de tiempo, con pequeños descansos o intervalos. Es lo que yo hago, trabajo como hasta las nueve y salgo una hora con mi esposa a despejar la mente y tomarnos un delicioso café en alguna cafetería. Regresamos a la casa, ella sigue haciendo mandados o realiza los trabajos del hogar y yo continuó trabajando en mis libros, escribiendo. Por la tarde hacemos otra salida y vuelvo a trabajar.

Te diré la verdad... lo que más cuesta es ser disciplinado. Establecer horarios de trabajo en casa. No distraerse con el entorno: la nevera, el televisor, la cama que te llama a una siesta, el perro que quiere salir, tu esposa que desea que la lleves al supermercado, los hijos que quieren jugar contigo aprovechando que te quedaste en casa. Las distracciones abundan. Debes enfocarte en lo que haces. ¡NO TE DISTRAIGAS!

~~~

LAS 10 CLAVES

Después de haber leído este libro podemos entre todos llegar a 10 conclusiones importantes. Las llamaremos: **"Las 10 claves"**.

Me ayudaron muchísimo cuando tomé la decisión de ser independiente. Ya las conoces, pero siempre es bueno repetir, recordar, afianzar. Estas son:

1) PIENSA QUÉ QUIERES HACER, algo que disfrutes.

Busca una necesidad, algo que las personas necesiten y encontrarás un negocio que se convertirá en empresa. Cuando empieces, te darás cuenta que debes innovar, buscar siempre nuevos productos y servicios que te hagan resaltar, sobresalir y ser mejor.

TEN METAS *y pasión por lo que has decidido. Disfrútalo.* Trabaja con entusiasmo, debes lograr que tus clientes sientan ese entusiasmo que llevas dentro y quieran trabajar contigo.

Que te prefieran a ti, en lugar de tu competencia. Dales algo diferente. Especial.

2) DESARROLLA UN PLAN de trabajo

Ahora que saber qué vas a hacer, la pegunta es:
"¿Cómo lo haré?"

Hazte las siguientes preguntas. Y respóndelas.
* ¿Qué debo saber ante de empezar?
* ¿Qué equipo voy a necesitar?
* ¿Cómo lo haré?
* ¿Cuál será mi primer paso?
* ¿Cuánto voy a invertir?
* ¿De dónde obtendré el dinero?
* ¿Cuántas horas dedicaré a este proyecto?
* ¿En cuál lugar de la casa trabajaré?
* ¿Cuánto necesito generar?
* ¿Cuál será mi meta mensual de ventas?
* ¿Quiénes van a ser mis clientes?

Ahora pregúntate:

"¿Cuáles son mis metas? ¿Cómo me veo dentro de 5 años? ¿A dónde creo que estaré?"

Recuerda: ***Tu actitud*** *determina el éxito o tu fracaso. Ten una actitud positiva y te irá bien.*

3) ESTABLECE UN HORARIO Y ¡ENFÓCATE!

No lo olvides, aunque te vean en tu casa, ¡ESTÁS TRABAJANDO! Encontrarás muchas tentaciones y distracciones. No caigas en ellas.

4) BUSCA UN LUGAR PARA TI Y HAZLO ACOGEDOR

Allí vas a pasar muchas horas y días y debe ser cómodo, iluminado, acogedor y, sobre todo, sagrado. Es tu oficina no tu casa.

5) USA LA TECNOLOGÍA A TU FAVOR

Hoy en día millones de personas aprovechan al máximo las redes sociales, las páginas web, y las ventajas de tener un mundo por cliente, sin más fronteras que el idioma. Personas de diferentes países ofrecen todo tipo de servicios on line a través de páginas especializadas.

Buscando en Internet encontré una de estas páginas llamada **FIVERR.** Allí ofreces y vendes tus servicios desde tu casa. Yo contacté traductores de portugués, inglés e italiano, y así he logrado traducir mis libros a diferentes idiomas. Sé parte de esta revolución tecnológica. Aún queda mucho por hacer y descubrir.

6) CONOCE BIEN TU PRODUCTO O SERVICIO

Dicen que el conocimiento es poder. Debes conocer tus productos o servicios como el mejor. Yo, por ejemplo, escribo libros de auto ayuda, y vida interior. Cada noche dedico al menos una hora para aprender algo nuevo en diferentes temas que tienen qué ver con mis libros:

> Marketing Digital
> Diagramación de Ebooks
> Cómo publicar un Ebook
> Sitios donde puedo vender mis libros
> Tipos de Ebooks
> Casos de personas que han triunfado
> Seminarios de emprendimiento

El conocimiento del producto es fundamental, ¿qué es?,. ¿para qué sirve? ¿dónde lo fabrican', ¿cuáles son sus cualidades?, ¿por qué un cliente debiera comprarlo? ¿lo comprarías tú?

7) PONTE METAS y que sean alcanzables.
Semanales, mensuales y anuales.

> *Metas en ventas.*
> *Metas en establecer contactos.*
> *Metas en desarrollar nuevos productos.*

Por ejemplo: Esta semana haré 15 llamadas por día a clientes potenciales.

8) ESFUÉRZATE en brindar el servicio y las atenciones que te gustaría recibir. No les mientas a tus clientes ni prometas lo que no puedes dar. ¿No crees que tus clientes merecen el mejor trato del mundo?

9) BUSCA PERSONAS DE CONFIANZA que te ayuden que aporten a tu nueva empresa.

Nadie puede hacerlo todo. Necesitamos colaboradores, personas cercanas en las que confiamos.

No podrás permanecer todo el día sentado frente al escritorio. Hay que salir también y buscar nuevos clientes y oportunidades. En ese momento un colaborador es de gran ayuda. Alguien que responda el teléfono con amabilidad, haga llamadas de cobros, redacte informes.

10) HAZ CRECER TU NEGOCIO

Que sea rentable y genere ganancias, pero no descuides a tu familia. Es un contrasentido triunfar en tu empresa y fracasar con tu familia.

Es natura dedicar largas horas, sobre todo si haces algo que te apasiona. Pero ten cuidado. Los tuyos también te necesitan.

El mayor activo que posees es la familia. Son los que te acompañan, te impulsan y junto a tus sueños son los que te dan motivos para triunfar.

A veces guardamos nuestros sueños en un estado de hibernación. Tenemos miedo a dar el primer paso, al qué dirán, al fracaso. Los olvidamos en un cajón pensando que algún día trabajaremos en ellos. Y ese "algún día" nunca llega.

Tengo 15 años tratando de hacer realidad mis sueños. Siempre quise ser escritor. Cuando a otros les preguntaban qué serían y respondían que estudiarían medicina, arquitectura, ingeniería, yo me veía detrás de una máquina de escribir escribiendo un libro. Es lo que hago en este momento. Escribo el libro que lees.

No tengas miedo de soñar.
Sueña, y hazlo en grande.

Llegará el día en que vas a necesitar colaboradores. Nadie puede hacerlo todo. Es una buena señal. Estás creciendo. Pronto la casa se va a quedar chica. No vas a tener dónde guardar tus productos, ni tus facturas. Esa es la señal de que empezarás una nueva etapa en tu vida empresarial.

~~~

Recuerda:

*Casi siempre, el 50% de las veces, una **actitud** es la determina el éxito o tu fracaso.*

Ten una actitud positiva y te irá mejor.

INCOMPRENDIDOS

En este mundo fuimos educados para estudiar, obtener un diploma y trabajar para alguna empresa. Cada vez que alguien decide salirse de este patrón, lo ven como *un bicho raro*. Su comportamiento no va acorde a lo que hemos aprendido. "¿A éste qué le paso? ¿Se volvió loco? Se va a morir de hambre". No lo hacen por molestar, sino que se preocupan por ti. No comprenden que alguien tenga deseos de prosperar por su cuenta. Es lo que llaman romper paradigmas, cambiar un comportamiento que nadie discute, que no nos atrevemos a modificar, porque "siempre ha sido así". Recuerdo cuando tomé la decisión de empezar esta aventura editorial. Al principio las cosas no iban bien. Se requieren al menos dos años para que veas alguna ganancia y superes el punto de equilibrio, aquel en el que tus gastos son iguales a tus entradas. Mis suegros, inquietos, me sentaron una noche en la sala de su casa.

— ¿Y cuándo piensa trabajar? — me preguntaron.

— Pero… ya estoy trabajando— respondí y los tranquilicé.

— Confíen que voy a salir adelante.
Terminaron con un:
— Recuerde que aún tiene hijos pequeños.

Soy de los que han vivido sujetos a diferentes paradigmas, con la mente condicionada.

Un buen día, al cumplir 50 años (un poco tarde), me decidí. Mi esposa me apoyó y empecé a hacer las cosas diferentes. Rompí cientos de paradigmas. Dejé a un lado todos esos:

"Tú no puedes. Te va a ir mal".
"No se te ocurra intentar eso",

Y busqué mi propio destino. Era hora de hacer realidad mis sueños. Siempre quise ser un escritor y poder vivir de mis escritos. Más de uno se habrá reído. Pero yo estaba dispuesto a intentarlo. Esta vez no iba a rendirme. Seguiría adelante a pesar de los obstáculos. Recuerdo en el colegio, cuando íbamos a graduarnos, que todos te preguntaban qué ibas a estudiar. Unos respondían que serían médicos, ingenieros, economistas, abogados. Y yo ingenuamente pensaba: "Quiero ser un escritor".

Tarde muchos años en cruzar esa línea, pero ahora que lo hice me di cuenta que tú mismo te limitas. Por eso no triunfas. Vives inconforme con lo que haces y recibes cada día. Te quejas por ese inmerecido salario, por el trato del jefe, porque estás en paro. Y no haces nada al respeto.

Crees que nunca podría ser de otro modo. La rutina te desgasta, consume y absorbe tus fuerzas. Cuando te das cuenta, pasaron los años y tu vida también.

¿Por qué no tratas con algo diferente? ¿Qué puedes perder? Si estás trabajando, inicia alguna actividad paralela, sin dejar tu empleo. Y si estás en paro siéntate un momento y piensa: "¿Qué se necesita a mi alrededor que yo pueda hacer?"

Un amigo me dio este consejo: "Los negocios son como las carreras de caballos. Salen varios a la vez. Ninguno se detiene. Uno indudablemente va a llegar primero, otro de segundo, otro de tercero… Las ideas para emprender un negocio son iguales. Haz que avancen varias a la vez. Una de ellas llegará a la meta". Más adelante te hablaré de su teoría.

Aprendes que lo primero que debes hacer es cruzar la línea que te atemoriza, romper ese paradigma de no poder.

Da el salto hacia esa tierra desconocida y maravillosa que siempre ha estado allí para ti, esperando que te animes.

Es verdad, no es lo mismo arriesgarse a los 20 ó 30 que a los 50 o 60. Tienes más oportunidades siendo joven. Si te va mal, puedes volver a intentarlo. Y si caes, te levantas. Pero, te repito, **NO HAY EDAD para empezar.**

A mi edad fue más difícil. Tenía muy arraigado este concepto: "Estoy sin trabajo. Debo buscar un empleo". Y me atemorizaba pensar que *tal vez* podría hacer algo por mí mismo. No trabajar más para levantar la empresa de otro, sino hacerlo para mí. Después de todo, lo que entregas a la empresa en la que trabajas, es tu tiempo, y esto **es lo más valioso que posees**… tu propia vida.

~~

BENEFICIOS

Tienes libertad
Flexibilidad
Independencia
Horario propio

Trabajas sin jefes
Fijas metas propias
Generas tu salario
Realizas tus sueños

Empecé un poco atemorizado. Como sé que *"nada hay nuevo bajo el sol"*, busqué personas que habían triunfado y les pedí sus consejos. Leí muchos libros.

Aprendí que el triunfo está justo frente a ti. Sólo tienes que extender tu mano y atraparlo. No es tarea fácil, pero tampoco imposible. A cada paso vas descubriendo los beneficios de esta decisión.

Yo aún lucho contra mis temores. Mis mejores aliados ante la incertidumbre son la oración y la persistencia. No me rindo. Me niego a rendirme.

Cuando las cosas van mal recuerdo aquella famosa frase: "Nada se termina hasta que se termina" Y sigo adelante. Y lo consigo. Si alguien como yo, prisionero de viejos paradigmas, ha logrado cruzar la línea y hacer realidad algunos de sus sueños, estoy convencido que también puedes. Por favor, tú que lees estas palabras, NO TE RINDAS. Nunca, nunca, nunca te rindas.

Escúchame con atención: *"¡Tú puedes!"* Dios va contigo. No estás solo. Confía, cree, da lo mejor de ti y verás maravillas.

Necesitas recuperar tu esperanza. La esperanza es lo que le da sentido a la vida. La esperanza es como la literatura pues te abre nuevos mundos y posibilidades. No puedes comprarla, ni tocarla, ni venderla... crece, se esparce, se multiplica y te ayuda a mejorar como ser humano, te da prudencia, fortaleza, te ayuda a ser emprendedor y a luchar por tus ideales. Te permite soñar e ir en pos de tus sueños.

~~~

CAPÍTULO 8

¿TIENES PROBLEMAS?

En la oración he encontrado la fortaleza para los momentos de dificultad. Y he logrado salir adelante con la gracia de Dios. Por pura gracia.
Y por su bondad.

DIÁLOGO

Hoy imaginé este diálogo contigo:
— Claudio escribes estas palabras para animarnos. Pero, ¿tú has triunfado?
— Para mí triunfar es ser feliz. Hacer lo que siempre soñaste. No busco ser millonario, poseerlo todo, Si esto pasara me privaría de algo que ha tocado mi vida: la Providencia. En lugar de dinero busco a Dios. Nunca me ha faltado nada. Dios siempre provee. Y no son palabras vacías. El año pasado publiqué 75 libros. Casi me rindo a mitad del camino, estaba cansado, sin fuerzas. Pero no lo hice. Cada mañana me decía: "Sólo un poco más". Y continuaba.
— ¿Será verdad que podemos cumplir nuestros sueños?
— Tienes uno de mis libros en tus manos. En este momento, cumples uno de mis sueños, lo haces realidad. Siempre quise compartir mis pensamientos, llevar esperanza, ayudar a otros con mis palabras y mis libros. Se puede. Estamos llamados a ser felices y conquistar nuestros más grandes sueños.

Sabes, todos tenemos algo que dar y compartir con los que nada tienen. Desde que inicié este camino me decidí a retribuir estos dones. Suelo regalar un tercio de mis libros, a los que no pueden pagar, a diferentes instituciones, a quien pueda. Últimamente coloco una mesa llena de libros en la parroquia donde los promuevo. Pongo un letrero que dice: *"Tome uno, son gratis. Nos sentimos agradecidos con los dones que Dios nos da y queremos compartir"*. Por algún motivo, a muchos les parece imposible y se me acercan a preguntar: "¿De verdad son gratis?" Asiento con la cabeza y les digo: "Tome los que quiera". Sé que, si doy, recibiré.

Trabajo unido de corazón a la "Economía de la Comunión", creación de Chiara Lubich, la fundadora del Movimiento de los Focolares. *"A diferencia de la economía consumista, basada en la cultura del tener, la Economía de Comunión es la economía del dar. Nos puede parecer difícil, arduo, heroico. Pero no es tal, porque el hombre, hecho a imagen de Dios, que es Amor, encuentra la propia realización precisamente en el amar, en el dar. Esta exigencia está en lo profundo de su ser, sea creyente o no creyente. Y precisamente en esta constatación, apoyada por nuestra experiencia, radica la esperanza de una difusión universal de la Economía de Comunión"*

Ese es el secreto de nuestro crecimiento. No es sólo el trabajo duro o la calidad de nuestros libros. Es compartir. Porque Dios bendice al que da con alegría.

Ocurren cosas sorprendentes. Cierto domingo un señor se detuvo frente a mi mesita de libros y me preguntó:
— ¿Qué valen? — Sonreí y respondí: — Lo que usted quiera pagar. Todo lo que recibimos se reinvierte en nuevos libros, para llegar a más personas.
Sacó una chequera, tomó un libro y me entregó un cheque por cuatrocientos dólares.
— ¿Está bien así? —, preguntó.
Quedé de una pieza.
— Me encanta lo que haces Claudio y quiero ayudarte—, me dijo.
Tomé una caja y la llené de libros. Se la llevé al auto y le di un abrazo, el de un hermano. En ese momento me sentí hermanado con él, por ese bello gesto de unidad. Me encanta compartir. Se

parece a la pizca de sal que mi esposa le pone a la sopa. Le da sabor, un toque especial, único. No es una teoría. A mi edad no puedo perder el tiempo probando teorías. Lo hice años atrás y todo se cumplió. Pasé años probando las promesas de la santa Biblia, una tras otra, y me di cuenta que todas se cumplen... El Evangelio se cumple. Cierta vez me encontré en la Biblia con esta promesa de Jesús: "Den y se les dará: recibirán una medida generosa, apretada, rellena, rebosante" (Lc 6, 38). En esos días recibí varias solicitudes de una joven de Costa Rica para que le donara algunos libros de nuestra editorial. En su barrio proliferaba la vida desordenada y pensó que nuestros libros harían mucho bien a estas familias.

Me animé cuando leí unas palabras de Chiara. Ella decía: *"¿No te ha sucedido nunca que, al recibir un regalo de un amigo, sientes la necesidad de hacerle tú otro? ¿Y de hacerlo, no para pagar la deuda sino por verdadero amor agradecido?"* Seguro que sí. *Y si a ti te sucede eso, imagínate a Dios, a Dios que es Amor... Él devuelve siempre cada regalo que hacemos a nuestro prójimo en su nombre. Es una experiencia que los verdaderos cristianos hacen muy a menudo. Y cada vez es una sorpresa. No nos acostumbramos nunca a la fantasía de Dios. Podría ponerte mil, diez mil ejemplos; podría escribir un libro. Verías qué verdadera es esa imagen de "recibirán una medida generosa, apretada, rellena, rebosante", que significa la abundancia con la que Dios recompensa, su generosidad".*

Me parecieron tan impresionantes estas palabras que quise tener la experiencia. Y preparé una caja rebosante, llena de libros. La llevé al correo y la envié, luego de dudar bastante, por el elevado costo de las estampillas. "Bueno Señor", le dije, "hice mi parte. Ahora te toca a ti".

Pasaron tres días. Casi había olvidado el tema cuando una amiga me telefonea:
— Claudio, llevo días localizándote. Ocurrió algo increíble. Un amigo que vive en Europa vio tu página web y de pronto sintió que Dios le decía: *'ayuda a ese muchacho'*. Y te ha enviado una donación en Euros.

Apenas podía creerlo. De inmediato recordé la caja de libros. Esa era la respuesta de Jesús.

La cifra equivalía a 10 veces el valor de lo que envié. **"Este es el secreto para crecer"**, reflexioné sorprendido. "Hay que compartir, dar de lo que tenemos a los que no tienen".

Aprendí mucho ese día. Cuando la editorial parece llegar a una encrucijada siento como que estoy en un globo aerostático, sobrecargado de peso. Debo donar, arrojar las cosas que valoro para retomar altura.

He descubierto que compartiendo me va de lo mejor. Además, es algo que disfruto mucho. Sientes la dulce presencia de Dios a tu lado cada vez que compartes con un hermano.

Seguro Él te mira complacido, porque diste de lo que tenías para ti, no de lo que te sobraba. Es cuando Dios cumple su promesa y nos da la medida rebosante.

~~~

NUESTRO GRAN ALIADO
EL BUEN SAN JOSÉ

Lo que te voy a decir es un axioma, no necesita comprobación, ha sido comprobado a los lardo de muchos años y todos quedan sorprendidos, admirados. Mi hermano Frank me lo recordó hace poco que me quejaba por un problema. "Acude a san José" me dijo. "Es un gran intercesor ante Dios y puede mucho".

Lo que pasó fue espectacular. Nuevamente nos encontramos en una terrible encrucijada. Recuerdo que fui a conversar con un sacerdote, le conté de la Editorial y me preguntó:
— ¿Eres devoto de san José?
— La verdad, lo tengo muy descuidado—, respondí.
Durante media hora me habló de san José y los milagros que hacía a los que eran sus devotos. Me regaló una estampita y dijo:
— Haz la prueba.
Me quedé pensando en sus palabras y busqué en Internet todo lo que pude sobre san José. Encontré algo que me sorprendió, Unas palabras de santa Teresa de Jesús:

"Y tomé por abogado y señor al glorioso san José y me encomendé mucho a él. Vi claro que, tanto de esta necesidad como de otras mayores, de perder la fama y el alma, este padre y señor mío me libró mejor de lo que yo lo sabía pedir. No me acuerdo hasta hoy de haberle suplicado nada que no me lo haya concedido".

Tomé la Editorial y se la encomendé a san José, como su santo Patrono. Al instante, ocurrieron una serie de eventos increíbles, las puertas cerradas se abrieron, empezamos a recibir correos de otros países solicitando los libros y se inició nuestra gran aventura... Los hemos enviado a Suiza, España, Guatemala, Estados Unidos, Puerto Rico, Costa Rica, República Dominicana, Uruguay, Colombia, México... y la lista sigue creciendo.

Hace dos años necesitamos una suma elevadísima para pagar unos libros. Suelo trabajar como si tuviese el bolsillo repleto de dinero, cuando lo que tengo son sólo un par de dólares y unas monedas. Ordeno que editen los libros, con la certeza que podré pagarlos. Después de once años, ¿me pondré a dudar?

En esta ocasión fueron quince mil dólares. Cualquiera me diría: "¿estás loco?" y yo respondería: "Dios proveerá". Trabajé los libros y los mandé imprimir. Nunca antes había hecho algo como esto. Y una pequeña duda empezó a crecer en mí. Le recordé a san José que esta era su editorial y seguí adelante. Cuando llegó el tiempo de cancelar los libros, sale una publicación en los diarios locales: *"Claudio de Castro, ha ganado el Premio Máximo de Literatura Ricardo Miró en la sección cuento"*. ¿El premio? *Quince mil dólares*.

¿Qué puedo decirte? Mi experiencia es ésta. Necesitamos buenos aliados. El mejor es san José. Ya está requeté probado. Por eso te recomiendo la devoción a san José. Nunca te dejará sin una respuesta. Es como escribió santa Teresa: "... le pido una cosa y siempre la veo cumplida; si la petición va algo torcida, él la endereza para más bien mío".

Este rato que he pasado contigo, acompañándote, ha sido estupendo. Lo iniciamos con una breve oración, ¿recuerdas? He sentido a Dios en mi corazón. Lo he experimentado tan vivamente que casi puedo tocarlo. Fue la mejor decisión. Empezar cada día con una breve oración y ofrecerle mi día al buen Dios.

Recuerdo hace muchos años, que entré a una capilla para saludar a Jesús. En ese momento una dulce monjita daba una charla a unas personas. Me senté a escuchar. "Los animalitos, los burritos, empiezan sus días sin Dios. Las personas, iniciamos nuestros días con Dios, por ello debemos ofrecerle todo nuestro ser, lo que somos, lo que haremos, para que siempre nos acompañe". No sé tú, pero me siento feliz, sabiendo que Él estará conmigo, consintiéndome, abriendo las puertas por las que debo cruzar, mostrándome el camino.

Ahora dime… ¿Estás listo para triunfar? ¡Da el primer paso, el que más cuesta, el más difícil, y empieza a caminar! He descubierto que para que las cosas vayan bien, debes ir de la mano de Dios. Lo he visto innumerables veces en nuestra pequeña editorial. Cada vez que dejo a Dios actuar todo sale de maravilla. Y cada vez que trato de salir adelante por mi cuenta, me va mal.

Pero uno es testarudo y no aprende. Ayer perdí dos ventas enormes que necesitaba para seguir adelante. Por la mañana me pidieron una gran cantidad de libros. Me emocioné porque era una entrada inesperada. Preparé los libros, estuvimos en contacto con la librería y por la noche todo se derrumbó como un castillo de naipes. No lo comprendí. ¿Qué hice mal? No suelen pasar estos fracasos. Por lo general, la editorial sigue creciendo, llegando a nuevas librerías en diferentes países. Recibimos cientos de testimonios de nuestros lectores. Cuidamos mucho la calidad de los libros, el buen servicio, la atención. Pero esta vez algo falló y necesitaba descubrir qué fue, para que no me volviera a ocurrir. Por la noche, antes de dormir, me senté a reflexionar. Y pensé... "¿Qué hice durante el día?" Repasé todos mis pasos. La mañana de ese día me levanté muy temprano. Tenía tiempo de sobra para ir a Misa, pero decidí no ir. Preferí acomodar los libros, trabajar el inventario... "puedo ir luego a Misa", pensé. Y salí en mi auto a visitar un cliente. Pasé frente a una Iglesia y como muchas veces, sentí en mi corazón esa dulce voz que me llamaba: "¿Vendrás a visitarme, Claudio?"

Seguí de largo y mientras pasaba me disculpé: "Ando apurado Señor, ¿te parece bien si te visito luego?" Y continué mi camino.

Empecé a darme cuenta de la cantidad de veces que Jesús me llamó para que lo visitara, fuera a Misa o sencillamente dedicara unos minutos a la oración. Recordé aquella frase que una vez leí en un libro: "A veces olvidamos a Jesús, por las cosas de Jesús". Ese fue mi error. ¡Lo había descubierto! Puede parecerte poca cosa, pero para mí lo es todo. Andar en Su presencia, sentirlo a mi lado, muy cerca, saber que me acompaña. El otro día lo experimenté con tanta fuerza que no dudé y escribí en la palma de mi mano estas palabras: "No tengas miedo. Yo estoy contigo".

Hoy fue un día diferente. Aquí estoy con mi mejor amigo. Lo he venido a visitar al Sagrario. Hemos conversado largamente. "Soy un tonto", le dije, "perdóname".

Me encanta saberlo cerca, visitarlo y darme este tiempo para la oración. Es un momento en el que desaparecen el mundo, los problemas mi alrededor y sólo estamos Jesús y yo.

Cada día me percato que es verdad, el Evangelio se cumple... sobre todo estas palabras de Jesús: "Yo soy la vid; vosotros los sarmientos. El que permanece en mí y yo en él, ése da mucho fruto; porque separados de mí no podéis hacer nada". Soltarse de la vid es una tontería.

Hoy ha sido un día estupendo. Qué sabroso es permanecer en Su presencia. Es natural, siempre ha sido mi mejor amigo, además, ya lo he comprobado: "Cuando estoy con Jesús, todo sale de maravilla". He llegado a la conclusión que le vida es lo que hacemos de ella. Puedes vivir con miedo de hacer lo correcto, o enfrentar al mundo, tomarlo por los pies y salir adelante. El mundo está para ser conquistado por los emprendedores, por ti. No tengas miedo.

Tengo cuatro hijos, y mi vida es muchas maneras, es igual a la tuya. Nuestras inquietudes son similares. Debemos velar por nuestras familias. En este momento me encuentro con mi ordenador portátil sentado en el patio interior de la casa. Llueve. Trato de ordenar mis pensamientos para llevarte a una conclusión sencilla: "Si yo pude, tú también".

La vida es para ser vivida. Debe existir algo más que esta inquietud por el dinero. Somos hijos de un mismo Dios. Él quiere que seas feliz. Vivimos en Él y para Él. Y estoy seguro que nunca te abandonará. Hagas lo que hagas Él siempre estará contigo. Lo he comprobado miles de veces, a pesar de las tonterías que pueda hacer, Dios se queda conmigo, velando por mí. Al final comprendes lo elemental: "Que la vida es un don de Dios".

Hay un pensamiento de san Alberto Hurtado, un santo chileno, que me gusta compartir. Son palabras maravillosas, que te llenan de esperanza en los días de prueba.

> *"¿Qué sentido tiene la vida? ¿Para qué está el hombre en este mundo? El hombre está en el mundo porque Alguien lo amó: Dios. El hombre está en el mundo para amar y ser amado".*

∗∗∗~~∗∗∗

CAPÍTULO 9

Mi esposa Vida suele decir: "Escucha consejo y llegarás a viejo".

¿TE HA PASADO?

Hace 15 años me llamaron de la gerencia para notificarme que estaba despedido. ¿Los motivos? Siempre las empresas encontrarán una razón para despedirte. La verdad no me lo esperaba. Me tomó de sorpresa. Siempre sentí aquella empresa como mía. Pero nunca lo fue. Estaba casado, con 4 hijos en el colegio, la casa recién hipotecada y la tarjeta de crédito usada al máximo. Me senté a reflexionar: "¿Qué podía hacer? ¿Cómo sacaría adelante a mi familia?" La decisión que tomé cambió mi vida. Ahora que a distancia recuerdo ese despido, pienso que fue la Providencia. Aquello que me parecía tan terrible, injusto y que me dejaba totalmente confundido, fue lo mejor que me pudo pasar.

Decidí que era hora de trabajar para mi familia. Usar mi tiempo y mis conocimientos en una empresa familiar. Si no me hubiesen despedido aquél día, aún seguiría en ese empleo que me encantaba, pero trabajando para otros. Mi vida cambió y doy gracias a Dios por eso. Fue un giro radical en mis actividades, pero me siento feliz.

Sabes, cada empresa, cada sueño, es diferente. En mi caso escogí que mi empresa se basaría en mejorar las vidas de las personas, darles esperanza. Editaría libros de bolsillo. Me dijeron que estaba loco. "Aquí muy pocos leen y ¿tú vas a editar libros?" Preferí escuchar lo que sentía muy dentro de mí, en mi corazón.

Empecé con mucho entusiasmo. Nunca tuve la opción de fracasar. El fracaso no era parte del plan. Trataba de encontrar mis debilidades y fortalecerlas. Solía imprimir los libros en casa, era una editorial familiar donde todos participábamos. Por las noches me quedaba hasta tarde engrapando los libros, armándolos, compaginando las páginas. ¿Qué soñaba? ¿Cómo imaginaba mi editorial dentro de 10 años? Mi meta era exportar. Quería crecer. Tenía un amigo en Colombia que se dedicaba a distribuir libros. Le pedí que me ayudara y le envié muestras de mis libros para que los evaluara. A los días me escribió: *"Le entregué tus libros a unos amigos expertos en el tema y todos llegaron a la misma conclusión. El contenido es excelente. Pero la impresión es deficiente, el corte de los bordes da pena, y la diagramación es malísima".*

No podía creer lo que mi amigo me decía. Me había esforzado tanto. Y a la hora de la verdad, estaba en cero, perdón, bajo cero, sintiendo pena. Mi amigo concluyó diciendo:

"Para crecer y exportar necesitas calidad. Tienes que imprimir tus libros con la mejor calidad. Buena tinta, buena impresión y un corte de calidad con la guillotina. Los libros que enviaste fueron cortados con guillotinas gastadas, sin filo y mostraban bordes irregulares".

Me propuse lograrlo, mejoraría los libros y exportaría. Para ello busqué imprentas del exterior que me dieran el servicio que esperaba. Escogí una con mucha experiencia en libros e invertí lo que tenía en ello. Fue un riesgo calculado. Sabía que, si lograba calidad de impresión, podría crecer, exportar, llegar a los países que siempre soñé. Y así fue.

Envié nuevas muestras junto a un catálogo impreso y logré mi primera exportación. No imaginas la sensación de ese momento. Tomé cientos de fotos, emocionado. ¡Qué alegría!

A partir de allí empecé a enviar a otros países. Desde entonces cuido mucho el contenido de mis libros y la calidad. Todos tienen calidad de exportación.

Ese proyecto se ha convertido en toda una aventura. Trabajo con mi esposa y me ayudan mis hijos. Cada uno aporta las mejores ideas. Luis Felipe de 10 años me regaló una solución a un problema. Solía imprimir etiquetas con los precios de los libros y debía pegarlos uno a uno, manualmente. Un día viéndome cansado me sugirió: "¿Por qué no compras una marquilla de poner precios? He visto en los supermercados cómo las usan". Siempre le agradezco por ello.

Mi esposa se encarga de conseguir clientes nuevos, de cobrar las cuentas. Esto me da la libertad que necesito para estar aquí escribiendo estas líneas. Yo me encargo de preparar las exportaciones, diagramar y diseñar los nuevos libros. Es un trabajo en equipo. Y no imaginas cuánto lo disfruto.

LOS CONSEJOS DE UN AMIGO

Mi amigo Carlos Pagés, logró convertirse en un gran empresario. Quien lo ve nunca creería que empezó su gran empresa trabajando en su casa, con lo más elemental: una idea, un teléfono y un pequeño escritorio. Pasé a verlo esta tarde y le conté del libro. Le encantó el proyecto y quiso compartir estas ideas contigo.

1. Era curioso. Me despertaba y estaba en mi oficina. Me fui de la casa porque crecí y ya no cabía. Llega un momento en que el movimiento de tu empresa molesta la privacidad de tu familia y debes buscar una oficina fuera de tu casa. Cuando ocurra sabrás que estás creciendo.

2. Cuando trabajas en casa, se te presentan oportunidades nuevas que debes aprovechar. Son momentos mágicos que no vuelven. No los dejes escapar.

3. Trabajando en tu casa te ahorras el alquiler de una oficina. Vives con poco y necesitas poco. *Ahorra e invierte.*

Este es el momento. Compra un terrenito donde más adelante puedas construir tu empresa.

4. Ten visión de futuro. **Imagina dónde quieres estar en cinco años.**

5. Establece un horario de trabajo, aunque sea flexible. Debes tener disciplina, igual que cuando trabajabas para otra persona y cumplías un horario. **No desperdicies un minuto de tu tiempo. Es lo más valioso que tienes. Sácale provecho.**

6. Sé honesto con tus clientes. Llámalos, visítalos con entusiasmo. NUNCA trates de aprovecharte de ellos. La honestidad te abre caminos. Si un cliente me pedía 1000 piezas yo le entregaba 1001. Nunca se me ocurrió el concepto del juega vivo.

7. Debes lograr que tus clientes sientan la necesidad de buscarte porque eres útil y le solucionas sus problemas. *Ellos confían en ti.*

Los clientes te prueban constantemente y si les quedas mal, se traduce en que no confiarán en ti y no te van a llamar más.

LA TEORÍA DE LOS CABALLOS

Cuando empecé este camino, no tenía idea de dónde empezar. Estaba lleno de entusiasmo y se me ocurrió visitar amigos que habían logrado ser emprendedores, pues necesitaba buenos consejos. Los necesitaba con urgencia pues mi educación, la que recibí, no me había preparado para ser un emprendedor. Me enseñaron a memorizar, hacer cálculos matemáticos, pero nada sabía de finanzas, emprendimiento, valerme por mí mismo, en pocas palabras ser mi propio JEFE. ¿Te ha pasado esto? Es más común de lo que piensas. Pero NUNCA va a ser un impedimento para surgir y conquistar tus sueños.

Aquella mañana lluviosa de julio, me encontraba sentando frente a mi amigo Carlos Pagés en su oficina. Le conté de mis proyectos, mis dudas, mis carencias y le pedí un buen consejo. Él me escuchó atentamente. Y esa mañana me habló de *su teoría personal* de los caballos de carreras que aún uso hoy, habiendo logrado llegar a donde estoy, porque me ayuda a visualizar a dónde quiero estar en unos años y lo que voy a lograr con mi esfuerzo personal.

Una tarde un amigo lo llevó al hipódromo, para que viera las carreras de caballos pura sangre. Estando allí se le ocurrió apostar un poco a cada uno de los caballos que estaban corriendo. Su amigo le preguntó: "¿Por qué?" La respuesta fue simple: "Porque alguno tiene que llegar a la meta".

Se quedó viendo aquella carrera y se dijo: "Así debemos hacer en los negocios. Hay que poner a trabajar varios proyectos a la vez. Alguno va a llegar a la meta primero y nos va a rendir grandes beneficios, después llegará el segundo y con el tiempo irán llegando uno tras otro".

Es lo que he hecho desde aquél día. Tengo varios proyectos *corriendo* para llegar a la meta. No me conformo con escribir y publicar estos libros que me han dado buen rendimiento, pues se venden a granel y ayudan a los lectores a conquistar sus metas, gracias al buen Dios que siempre está presente. Escribo para otros medios, coloco libros en librerías y farmacias, los exporto a diferentes países. **El secreto está en diversificar**, no poner todos los huevos en una sola canasta, nunca rendirse, perseverar y trabajar con ENTUSIASMO.

QUÉ APRENDÍ

¿Dejé de tener jefes?

No. Sólo los cambié. Mis clientes ahora son mis jefes. Y créeme, son mucho más exigentes.

¿Me hice millonario?

No. Nunca podrás ganar dinero rápido, ni hacerte millonario de la noche a la mañana. Ese no es el propósito. Ganarás lo suficiente, tendrás esa independencia económica que siempre quisiste, y esto te hará feliz, porque podrás enfocarte en tus metas, no en el dinero.

¿Cambió mi vida?

Sí. Tu vida va a tomar un giro de ciento ochenta grados. Todo será diferente. Disfrutaras cada día. Dejarás de ser parte de esas personas que a menudo se quejan porque se consideran mal pagados, o porque nadie les contrata. Vas a ser un empresario, una empresaria. Esto te dará algo extra que ni siquiera soñaste: "LIBERTAD".

Te sientes libre de ataduras a una empresa. Ahora tu tiempo lo puedes dedicar a levantar tu propia empresa.

¿Qué ofrezco?

Míralo de esta forma: "No vas a vender un producto, vas a mejorar las vidas de los demás". Es lo que pienso cada vez que vendo un libro.

Quiero que mis libros ayuden a los lectores a encontrar nuevos caminos. No escribo nada difícil de comprender, sólo hablo de mis vivencias cotidianas, por eso las personas se identifican con tanta facilidad con lo que digo.

¿Qué busco?

Tocar vidas, darles un mensaje de esperanza a las personas, ayudarlas a encontrar sus caminos. Lo demás llega por añadidura.

Somos un grupo editorial diferente a los que hayas conocido. ¿Por qué? Nos manejamos con la providencia. Hacemos lo que nos corresponde trabajando muy duro y lo que no podemos, se lo dejamos a Dios. Él siempre lo hace bien. Suena irresponsable, lo sé, pero los años me han enseñado que puedo confiar en Dios. Nunca he quedado defraudado.

Todo inicio es difícil. Cuando empezamos todo escaseaba, apenas nos alcanzaba el dinero, pero yo era persistente, no dejaría que esto me detuviera.

Cierta vez necesitaba quinientos dólares para abonar las portadas de unos libros, y no contaba con esa suma. ¿Cómo conseguirla? Frente a mi casa había una residencia estudiantil con una capilla. Solían tener al Santísimo. Crucé la calle y visité a Jesús. "Necesito ese dinero para las portadas", le dije. "Yo terminé mi trabajo, ahora te toca a ti. Si quieres que publique esos libros, debes hacer algo".

Me quedé un rato acompañándolo, dándole las gracias porque estaba seguro que me escucharía. Pasaron los días. Y yo esperando. De pronto recibo un email de la Editorial Paulinas de Brasil. Decía:

"Estimado señor de Castro, tenemos un libro suyo, "El Camino del Perdón", nos ha encantado. Quisiéramos traducirlo al portugués y publicarlo. En Brasil tenemos algunos problemas pagando de a poco los Derechos de Autor.

Si usted no tiene inconvenientes, mañana le enviaríamos el pago correspondiente por la suma de US$500.00".

Puedes imaginar mi sorpresa. Me di cuenta que Él siempre escucha, somos nosotros los que no escuchamos ni confiamos. Y créeme, vale la pena confiar, vivir en la dulce presencia de Dios.

Haz de tu vida una oración agradable a Dios.

Paso tan ocupado escribiendo que todo se me olvida rezar, me sumerjo en el libro, camino por sus avenidas, lo veo desde dentro como un personaje más. Por eso inicio cada mañana con esta breve petición: "Señor, convierte mi trabajo en oración".

Cuando te animes a trabajar desde tu casa y veas florecer tu empresa terminarás exclamando como yo:
"¡¿Por qué no lo hice antes?!"

¿PIERDES O GANAS?

Trabajar para una empresa tienes sus ventajas:

* Creas una rutina agradable
* Tienes con quien compartir
* Otros te indican lo que has de hacer
* Trabajas en equipo
* El entusiasmo de uno se contagia a todos
* Interactúas con otros profesionales
* Recibes un salario fijo
* La capacitación es continua
* Tus contribuciones son valoradas
* Te ofrecen ajustes salariales
* Recibes bonos de productividad a fin de año
* Te cubren el seguro médico

Todos esos beneficios desaparecen al momento que inicias tu empresa. Pero empiezas a descubrir otros que nunca soñaste, ni imaginaste. Te haces independiente. Tus hijos llegan del colegio y te encuentran en casa. Tienes grandes ahorros. Incrementas tu productividad y empiezas a generar recursos suficientes para pagar tu seguro médico y los gastos mensuales.

Mi experiencia es esta: El mayor beneficio que recibes es simple y dulce a la vez:

Desarrollas tus habilidades.
Te vuelves un experto.
Amas lo que haces.
Vives con entusiasmo.
Estás por conquistar tus sueños.
Tienes la actitud de un triunfador.
Y eso... No tiene precio

¿Qué ganas con tu propia empresa?

Autoestima
Independencia económica
Tus sueños y metas
Te sientes feliz. Realizado
Si te esfuerzas multiplicas tus ingresos
Haces lo que te apasiona
Aprendes a superar los obstáculos
Te vuelves creativo, innovador
Trabajas con tu propio horario
Tienes tiempo de calidad para tu familia
Puedes empezar a viajar a otros países.
Te vuelves más creativo
Sientes pasión por lo que haces

¿Qué pierdes con tu propia empresa?

Esa necesidad urgente de trabajar para otro.
Tus perfectas hojas de vida.
Los congestionamientos vehiculares
Los reportes mensuales a tu jefe
El miedo

Una vez que sepas lo que quieres hacer, debes buscar en tu casa un pequeño espacio para ti, donde puedas trabajar sin esas interrupciones, imposibles de prever. En este momento estoy en mi cuarto, escribiéndote, y de pronto llega mi esposa:
—Debes cuidar a tu nieta.
Yo le respondo:
—Pero estoy trabajando.
Y ella indica:
—Es sólo un ratito.

Estas son las peticiones a las que nunca he podido negarme. Dejo de escribir y me siento a jugar con Ana Sofía. Entonces, mi nietecita y yo tenemos las conversaciones más profundas y filosóficas que puedas imaginar: *"Abuelito, ¿tú no tienes aretes?"*

TU NUEVO HORARIO

Ahora que trabajas desde tu casa, ¿tienes un horario? Debes saber que nunca vas a prosperar si sólo trabajas 5 minutos y te tomas el resto del día libre. Debes gestionar bien tu tiempo. Hay que tener disciplina, pero también puedes ser flexible por lo que no necesitas un horario tradicional. Esa es una de las grandes ventajas de ser un emprendedor.

¿El secreto para gestionar bien tu tiempo? Ser organizado. *Si eres organizado serás productivo.* Cuando te apasiona lo que haces, no necesitas un horario fijo ni nadie que te supervise. Tu mente gira en torno a lo que haces. Siempre estás buscando cómo diferenciarte y sobresalir, dar un producto diferente, especial, que todos quieran.

El horario es importante, pero no lo es todo. El horario no es lo que hace que funcione una empresa ni que sea productiva. Sabes que cada día tienes que producir y esto te debe impulsar a buscar resultados.

Recuerdo una compañía en la que trabajé. Una mañana me avisan que el dueño quería verme. Era una persona muy perspicaz. Me dijo molesto que algunos vendedores no estaban usando el reloj de asistencia los medio días y quería que todos lo usaran. Le respondí que me parecía bien, y establecí la norma.

Al día siguiente me preguntó cómo iban las cosas, le dije que bien, "sin embargo quiero comentarle algo... Hemos perdido una venta de quince mil dólares" Me miró asombrado: "¿Cómo pudo ocurrir?", preguntó. "Muy sencillo", respondí. "El vendedor estaba cerrando la venta cuando se acordó que debía regresar a la empresa para marcar en el reloj de asistencia. Faltaba media hora para las doce. Como estaba en el otro extremo de la ciudad, lo dejó todo y vino a marcar. Por la tarde cuando regresó, no pudo hacer nada, otro proveedor aprovechó la circunstancia y se quedó con la venta". Lo miré fijamente y le recomendé: "Usted quiere ventas, ¿verdad? Haga que los vendedores usen el reloj de asistencia cuando lleguen y cuando terminen su trabajo. Deles la libertad de atender a sus clientes a toda hora, durante el día". Le gustó mi propuesta y así quedó.

Hasta el día de hoy, años después, siguen trabajando de esa forma.

Un horario es importante, pero más lo es la productividad. Un emprendedor tiene horario propio, lo establece a diario, según las circunstancias. Cuando empecé, llegué a trabajar hasta 15 horas diarias, a veces más. Quería ser productivo, demostrarme que podía. Un amigo al verme con este afán me dijo: *"Vas a tener éxito en tu empresa y fracasar con tu familia. Ellos también necesitan tu tiempo. No los descuides"*. Fue un consejo sabio y muy oportuno. *Nunca lo olvides: "Tu familia siempre será lo primero en tu agenda. Dedícales tiempo.*

Es difícil crearse una rutina, cuando puedes trabajar en pijamas si así lo quieres. No tienes quién te diga qué hacer ni cómo hacerlo, ni lo necesitas. Tú misma debes organizarte y saber lo que harás durante la semana, fijarte metas alcanzables. Lo importante es ser productivos. Esta nueva generación de genios del ordenador tampoco necesita que alguien les diga qué hacer. Para ellos no es problema, siempre saben qué hacer, siempre buscan algo nuevo, innovador, interesante.

Yo tengo una rutina propia. Llega un momento en que trabajas como los engranajes de un reloj. Cada engranaje mueve al otro y hacen que el reloj funcione.

Todas las personas tienen su propio ritmo de trabajo, saben cuándo son más productivas. En el momento que empieces a trabajar desde tu casa, te darás cuenta, es muy sencillo. Hay factores que aún no domino sobre el arte de trabajar en casa. Y es que todos a mi alrededor se den cuenta que estoy trabajando.
Se asoma mi esposa y me dice:
— Vamos al supermercado. Hay que comprar leche y pan".
Fui al supermercado y recién he llegado para continuar escribiéndote. ¿Qué puedo decirte? Me gusta salir con ella. Terminamos siempre en un café charlando como cuando éramos novios. Otras veces me pide que compre café tostado y molido. Me quejo porque estoy trabajando. Pero dejo lo que hago para consentirla y salgo a buscar el café. Cuando regreso, revisa el paquete, me mira y pregunta:
— ¿Dónde está el azúcar?
— ¿Cuál azúcar? — pregunto despistado.

Me doy cuenta que se me olvidó por la prisa que llevaba. Y otra vez salgo a buscar lo que faltaba. A veces no es fácil trabajar en casa, sobre todo cuando eres un esposo como yo. Creo que soy la persona más distraída del mundo.

No sé si alguna vez te conté. Solía ser un poco despistado ahora lo soy más. Nací en Colón, una provincia costera en Panamá. Por eso soy colonense. Es una buena combinación: Colonense, escritor y despistado.
Cierta vez, fui a una capilla silenciosa para visitar a Jesús Sacramentado. Es mi mejor amigo. Y siempre que puedo, paso a saludarlo.

Ese día noté una gran Biblia abierta en un costado del altar. No sé por qué pensé: "Dios te quiere hablar". Y me acerqué para leer donde marcaba el separador de páginas.

Asombrado leí: "Carta a los **Colonenses**". "Dios santo" pensé, "esto es para mí". "Soy colonense".

Y leí encantado: "Si han sido resucitados con Cristo, busquen las cosas de arriba". "Que la palabra de Cristo habite en ustedes y esté a sus anchas".

Fue una experiencia maravillosa. Dios tiene sus formas simpáticas de hablarnos a cada uno. Pasé la tarde pensando en esto: "buscar las cosas de arriba". Como decía san Alberto Hurtado: *"¡Mi vida, pues, un disparo a la eternidad! No apegarme aquí, sino a través de todo mirar a la vida venidera. Que todas las creaturas sean transparentes y me dejen siempre ver a Dios y la eternidad"*.

Al día siguiente desperté con el ánimo de regresar y saber más de esta carta.

En la hora de almuerzo salí del trabajo y me dirigí a la capilla. Entré en silencio y vi complacido que la Biblia seguía allí, aún abierta. Me acerqué emocionado y leí, esta vez con detenimiento:

"Carta a los **colosenses**".

~~~

¿TENDRÉ SALARIO?

Dile adiós a ese salario fijo que ganabas, en adelante todo dependerá de ti. ¿Es eso malo? Hay semanas en las que trabajando independiente genero hasta diez veces el salario que solía recibir trabajando para una empresa. Ahora el salario lo generas tú. Pero no te inquietes por eso. Te va a ir muy bien.

La vida cambia. Últimamente me han ofrecido algunos empleos y agradecido los rechazo. Ya no quiero trabajar para nadie. Me encanta lo que hago. Me siento vivo, realizado. Esto es algo que no te pueden pagar. El dinero se necesita, pero no siempre me impulsó a trabajar. Cuando trabajé para estas empresas, quería aprender. Estuve siempre con personas emprendedoras que no tuvieron miedo de conquistar sus metas.

Me preguntaba cómo lo hicieron y les pedía que me contaran sus historias. Recuerdo que pasaba horas escuchándolos, tomando notas, sorprendiéndome por esa capacidad de emprendimiento.

Me dieron la oportunidad de trabajar, aprendí de ellos y estoy agradecido. Para mí era como obtener una maestría con la práctica empresarial.

Es saludable trabajar en una empresa antes de emprender este camino, para que tengas la experiencia y sepas cómo funciona una compañía.

¿QUÉ APRENDÍ DE ELLOS?

* La organización de las rutas de ventas
* El valor de una buena decisión.
* Cómo trabajar en equipo.
* El análisis de los costos operativos y de producción
* Las estrategias de ventas y mercadeo
* El presupuesto
* El buen trato al cliente
* El valor de nuestros colaboradores

Vi la diferencia entre un jefe y un líder, entre un vendedor y una persona que toma pedidos. Sin esas experiencias seguramente no estaría donde estoy.

Siempre pienso en este empresario que un día me llamó a su oficina y me dijo con una sonrisa: "El día que te marches de mi empresa me vas a tener que pagar por todo lo que te voy a enseñar".

¿Qué me mueve a escribir este libro? Hay un motivo que me mueve a escribir este libro. No es el dinero, ni el deseo de ganar lectores, o ser conocido. Es algo más sencillo. Mi motivación eres tú. Quiero ayudarte. Compartir contigo lo que sé.

Sabes, este libro es prueba que se pueden lograr muchas cosas si te empeñas y eres persistente. Es lo que hago, escribo libros. Soy escritor. Vivo de ello. Hago lo que siempre soñé. Me costó arrancar porque estaba muy cómodo en los diferentes empleos que he tenido. Era de los que se conforman con un salario. Te quejas y dices que vas a renunciar, a buscar mejores alternativas, pero no me animaba a intentarlo. Tenía miedo, al cambio, ¿qué podría ocurrir?

La verdad es que no pasó nada malo. Al contrario, de haber sabido lo que ahora sé, hace mucho habría renunciado a mis trabajos para buscar mis sueños y hacerlos realidad.

Suelo contarles mi historia a las personas que se acercan a comprar uno de mis libros en las Ferias y les muestro mis manos. "Ni siquiera un rasguño", les digo. "He perdido cinco veces un trabajo y aquí estoy, como si nada, feliz".

Nos asusta quedar en paro, sin un ingreso mensual. Es normal sentir miedo. Yo lo he tenido tantas veces, y tal vez nunca me habría animado a dedicar mi vida al oficio de escritor, de no ser porque me despidieron.

De pronto ocurre. Te llama el jefe, no es necesario que hable, reconoces "esa mirada" y te das cuenta que estás desempleado. Un amigo me contó que viéndose él en una situación similar, decidió que era suficiente. No trabajaría más para otros. En adelante buscaría algo que hacer, que lo ayudara a salir adelante. Así fundó su pequeña empresa, en casa, y hoy tiene presencia en varios países. A menudo lo encuentro en un banco o una cafetería. Mientras otros se encuentran detrás de un escritorio, a esas horas del día, mirando el reloj para calcular la hora de salida, él y yo, nos sentamos entusiasmados a tomar un delicioso café, comer unos panecillos y hablar de negocios.

Cuando alguien me dice que perdió su empleo le recuerdo que tiene la oportunidad perfecta para hacer lo que siempre soñó, al menos para intentarlo. Este es el momento, tu momento. Puede que no encuentres otro mejor. ¿Qué puedes perder? Yo lo hice. Un día me vi como tú, preocupado, sin saber qué hacer hasta que mi esposa Vida se me acercó y me recordó: "Hay un sueño que tienes pendiente". "Es verdad", reconocí que tenía razón, y me senté a escribir.

Actualmente mis libros se encuentran en librerías de más de 15 países y recibo testimonios de cientos de lectores alrededor del mundo que me cuentan emocionados cómo uno de mis libros les ayudó a mejorar sus vidas. Ese es el mayor premio que alguna vez podría recibir, la alegría de saber que puedo ayudar a otros.

La última vez que me quedé sin empleo pensé que era hora de intentar algo diferente. Los años pasan y cada vez cuesta más conseguir un trabajo. Te preguntan tu edad y nadie te contrata. Conversé con mi esposa y nos dijimos: "Éste es el momento".

Lo primero que hice fue visitar diferentes librerías. Eran el lugar ideal. Preguntaba por los libros que más se vendían y los estudiaba. Revisaba:

    1) Su tamaño
    2) Los colores de la portada
    3) El tipo de letras (tipografía)
    4) La foto de la portada y su diseño
    5) La diagramación interior
    6) El título

Mientras hacía esto, por las noches buscaba en Internet todo lo relacionado a escribir y hacer uno mismo sus libros. Estudié la Teoría de los Colores y sus efectos en las personas, para poder elegir los que me ayudaran a llamar la atención en una portada. Aprendí sobre los colores cálidos, fríos, tranquilizantes...

¿Me equivoqué al diseñar una portada? Cientos de veces. Tengo cajas de libros sin colocar, que no se venden. ¿Por qué? Cometí los errores básicos: usé letras cursivas, colores opacos e imágenes con una pobre resolución.

Hay detalles que sólo la experiencia y la intuición te enseñan, cosas que los años te hacen comprender. Ahora nuestras portadas son coloridas, con imágenes de la más alta resolución y letras grandes. Tienen un barniz especial, tinta vegetal y papel reciclado.

No tengas miedo de equivocarte. Yo lo hago a diario. Y nada pasa. Me levanto otra vez y sigo adelante. Escribo algunos libros que se venden poco. Y escribo libros que superan mis expectativas y llevan más de 20 ediciones continuas. Siempre me sorprendo.

¿Cómo aprendes tu oficio? Haciéndolo. Mi esposa tiene un refrán que siempre repite:

"la práctica hace al maestro".

Busco la excelencia mis libros. Doy lo mejor de mí. Estudio mucho, leo libros de auto ayuda y espiritualidad, escribo la mayor parte del día, y practico con mis portadas para hacerlas cada día mejor.

Un amigo es un empresario, me comentó:

"Los mejores negocios los he desarrollado en una servilleta, acompañado de un café".

Es un consejo que nunca olvido por eso cada vez que hago una pausa y voy a una cafetería, tomo una servilleta y anoto en ella mis ideas.

~~

CAPÍTULO 10

*Sé lo que es el miedo a fracasar.
Y sé también que lo puedes vencer.*

EL MIEDO

En este libro hablo de vencer miedos, porque yo los tuve. Los conozco y sé que pueden arruinar tus sueños. El miedo te paraliza, te mantiene conformista, cabizbajo.

Mi sueño era graduarme del colegio, seguir estudiando y conseguir un empleo. Jubilarme y pasar tranquilo el resto de mi vida. Así lo hicieron mi papá, mis tíos y mi abuelo. Hasta que llega mi hermano y de pronto rompe esa tradición. Yo no podía comprenderlo.

Mi hermano renunció a su primer empleo, una tarde de verano, porque soñaba con ser emprendedor. Cuando me lo dijo no me lo podía creer: "¿Cómo puede?" me decía. "Tenía un buen salario, ¿se volvió loco?" Lo vi emprender diferentes negocios, vi la libertad que esto le ofrecía y quise hacer lo mismo, pero no me atreví. Para entonces yo tenía un empleo, el salario asegurado y estaba muy cómodo, hasta el día que tuvo problemas la empresa y redujeron al personal.

Me di cuenta que podría ser buen momento para hacer algo por mi cuenta. Tenía la oportunidad, pero no sabía qué hacer ni cómo, además, el miedo me paralizaba. Rápidamente conseguí empleo en otra empresa, volví a mi comodidad, a la rutina de un horario y a depender de un salario que nunca me alcanzó.

¿Qué ha ocurrido con mi vida en esos años? Seguro te preguntarás. A veces caigo, no sé qué hacer y siempre llega una mano amiga, alguien que me anima y me dice: "Vamos, levántate, no te rindas". Somos humanos de carne y hueso y estamos expuestos a todo. Creo que lo importante es vencer nuestros miedos al fracaso y salir en pos de nuestros sueños, llevar esa actitud triunfadora que te motiva y te ayuda a salir adelante.

Te hablo de emprendimiento, de tu actitud para enfrentar las dificultades y sacar adelante tus sueños. También te hablo de ideas, porque todo empieza con una. No tiene que ser revolucionaria, puede ser la más simple de todas.

Un amigo tiene en su casa una pequeña empresa familiar. Preparan comidas y postres para las pausas del café durante los seminarios que dictan algunas empresas.

Lo que motiva a sus clientes, no es sólo la comida. Ha logrado que sea una experiencia para los sentidos la forma como presenta sus platos.

Se posicionó en la mente de sus clientes con la calidad y el servicio. Ha logrado algo muy difícil, la lealtad de los clientes a su producto.

Su esposa cocina, él se encarga de entregar los pedidos y conseguir nuevos clientes. Siendo ella una gran cocinera, decidieron unir sus talentos y elegir lo más elemental: *la comida*. Y les va de lo mejor.

~~~

PALABRAS CLAVE

ACTITUD

Sé optimista.

* * *

PERSEVERANCIA

Nunca te rindas.

* * *

CONOCIMIENTO DEL PRODUCTO

Conviértete en un experto.

* * *

PASIÓN

Disfruta lo que haces.

NUESTRAS VIDAS

Me había propuesto escribir un libro de auto ayuda, contando mi experiencia y la de otros que trabajan en sus casas. Y sentía muy dentro de mí esta pequeña voz, profunda, tierna, que preguntaba: "¿Me dejarás por fuera?" La respuesta siempre ha sido: "Señor, nunca te dejaré fuera de mis libros. Eres todo cuanto tengo y quiero".

Me pasa, no sé si te ocurre igual, que cuando tengo estás pequeñas encrucijadas, me digo esta oración de santa Teresa de Jesús: "Nada te turbe, nada te espante... sólo Dios basta". Y es que, trabajando como yo, en casa, tienes muchos ratos de silencio. No busco llenar esos momentos con el ruido del mundo, sencillamente los aprovecho para estar con Dios, en su presencia amorosa. Esta tarde, mientras escribía me ha pasado. De pronto un silencio tan hondo y grande que es imposible describir. Miré a mi alrededor y dejé de escribir. Sonreí pensando: "Es Dios". Él es así, sorpresivo, amable, generoso. Abandoné el computador y sencillamente recé.

Parte de mi trabajo en casa, es rezar, reflexionar, buscar a Dios. Y luego reflejar mis encuentros en los libros que escribo.

Dios es insistente. Te llama con dulzura y te busca. Él nunca te abandona. Lo sé bien. Está con nosotros siempre, a nuestro lado.

~~~

UN CONSULTOR
Nos comparte su experiencia

Josep María Amorós nos deja una fascinante historia de éxito, de la que podemos aprender. Fue consultor de la Coca Cola por 10 años, hasta que vio la oportunidad de hacer realidad sus sueños como emprendedor.

"Veo la incertidumbre como una oportunidad"

Logramos contactarlo para este libro y nos compartió 10 reflexiones que te ayudarán a lo largo de tu vida como emprendedora.

Su empresa se incorpora a la Economía de Comunión, lanzada por Chiara Lubich en 1991 en Sao Paulo (Brasil).

Básicamente creas una empresa con la "cultura del dar". Generas riqueza y trabajo, ayudas a los más necesitados y desarrollas una compañía exitosa y solidaria.

¿Por qué un consultor de una empresa tan importante como la Coca Cola se lanza a esta gran aventura de compartir?

"Vivo esta profesión emprendedora no para buscar un enriquecimiento, sino más bien como respuesta a una llamada personal a vivir el espíritu de comunión en el ámbito de la empresa, y esto también implica ser generoso ante múltiples situaciones".

Desde que iniciara su actual empresa, Josep María puso en práctica lo que ha bautizado como su "Decálogo del Emprendedor":

1.**Estar bien a nivel físico, mental, emocional y espiritual.**

Trato de dormir lo necesario, hacer deporte con regularidad y llevar una alimentación muy saludable para asegurar una vida sana.

2. **Si quieres ser emprendedor,** es buen criterio tratar de marcar las reglas del juego, pero implica y cuenta con la aportación de los demás.

Además, a mí me ayuda mucho compartir y contar con la experiencia de otros empresarios particularmente de la Economía de Comunión.

3. **Es necesario construir un sistema que genere dinero.**
Es fundamental tener un modelo de negocio que funcione.

4. **Tu sueldo** es lo que queda después de descontar los gastos de la empresa, tu aportación al fondo de la economía de comunión, el sueldo de las personas que trabajan para ti y el pago de impuestos.

5. **La empresa es un juego** donde a veces se gana y a veces se pierde, donde lo importante es no parar de jugar.

Éxito y fracaso van de la mano. Hay que aprender de las dificultades y salir reforzado de ellas.

6. **Cuida del negocio,** y el negocio cuidará de ti. No es buena idea servirse de la empresa para uso particular.

7. **Ante los problemas,** ten cintura y agudiza el ingenio.

No hay manuales con recetas infalibles, ni soluciones únicas o rápidas ante los problemas, ayuda mucho tener paciencia, saber analizar y crecer en las relaciones.

8. **Ser emprendedor implica una metamorfosis** de tu forma de pensar y de actuar.

Hay que cambiar el chip, estar abierto a la incertidumbre y asumir riesgos moderados, motivar al equipo y transmitir entusiasmo.

9. **Traza una estrategia** y ten una visión bastante clara de hacia dónde te gustaría llegar.

10. **Pero, sobre todo: Disfruta con tu trabajo** y promueve un ambiente profesional ordenado y organizado.

Hace algunos años recibí un consejo muy valioso de un sacerdote amigo: "Cada noche antes de acostarte a dormir, evalúa lo que hiciste en el día, ¿lo aprovechaste? ¿Qué pudiste hacer mejor?

Luego, haz un listado de las 10 cosas más importantes que debes hacer al día siguiente. Ese listado será tu guía. Procura seguirlo, y a medida que avanzas, tachas el punto No.1, luego el 2 y así hasta que termines los 10 puntos".

Tengo frente a mí el listado. Sólo que lo hago con una nota rápida, llamativa, que coloco sobre el monitor de mi computador.

Tengo también pensamientos motivadores, optimistas, en diferentes rincones de la casa. Cada día escojo uno. Es el combustible que me mueve a hacer las cosas mejor que el día anterior, a no rendirme

Cuando termino de trabajar, dedico varias horas a estudiar. Leo todo lo que pueda sobre las diferentes tipografías (tipos de letras) que usan en las portadas y el interior de los libros. Los colores que más venden, el tamaño de las letras, las sangrías, los diseños de los libros, los títulos más buscados. Sigo estudiando porque este conocimiento me abrirá nuevas puertas.

Últimamente leo también todo lo que encuentro sobre libros electrónicos. Voy a migrar este año hacia estos libros y debo prepararme muy bien.

Cada día estudio de dos a tres horas. Llevo quince días quitándole horas al sueño. Y es que tengo presente esta frase que solía decir un tío de mi esposa: "Sin sacrificio, no hay beneficio". Aprendo cómo hacer libros electrónicos, sus formatos, la mejor forma de mercadearlos, cuáles son las plataformas para un libro electrónico, qué formato usan, cómo se mercadean.

La verdad, estuve cerca de rendirme. Me sentía agotado, cansado. Pero cada noche, antes de acostarme a dormir me decía: "Mañana volveré a intentarlo. Será un mejor día".

Espero que te haya servido y que puedas aprovechar su contenido. Te deseo éxitos continuos. Y cuando lo hayas logrado... Escríbeme, cuéntame cómo lo hiciste, tus sacrificios, tus alegrías, tus triunfos.

Éste es mi e-mail   edicionesanab@gmail.com

¿La conclusión final?

Querer es poder.

SOBRE MI LIBRO

Quería darte las gracias por leer mi libro. Cuando empecé me preguntaba si debía escribir un libro sobre las técnicas para desarrollar una empresa en casa o si sería mejor contarte mi experiencia, mostrarte el camino, hacerte saber que no es tan difícil, que tú puedes. Decidí lo último, porque era lo mejor. Hace 18 años fundé con mi esposa Vida y mis hijos esta editorial. Y nos dedicamos a escribir. Todo era tan escaso en esos días. Los pequeños "milagros cotidianos" no se hicieron esperar. La Providencia llegó a manos llenas y pudimos avanzar.

Quince años después sigo sintiendo ese impulso inicial cuando sentí muy hondo en mi alma estas palabras: "Escribe Claudio, deben saber que los amo". Y yo respondí: "Haré lo que me pidas, Señor". Y aquí estoy, escribiendo emocionado las últimas palabras de este libro.

Te he contado mi experiencia, espero que te sirva y te animes a crear tu propia empresa y alivies la carga que se lleva en tu casa.

"No importa la circunstancia que estás viviendo. No te preocupes. **Todo saldrá bien. Vas a ser una persona exitosa. Lo mereces."**.

CONTACTA AL AUTOR

¿Te gustaría contactar a Claudio?

Ésta es su página de autor:

www.claudiodecastro.com

Éste es su Email:

edicionesanab@gmail.com

Recibimos correos de todas partes del mundo, enviados por lectores que nos comentan lo que viven y nos cuentan cómo estos libros impactaron sus vidas.

www.ingramcontent.com/pod-product-compliance
Lightning Source LLC
Chambersburg PA
CBHW021402210526
45463CB00001B/196